NOTICE

DES

TABLEAUX

EXPOSÉS DANS LA GALERIE

NAPOLÉON.

Prix, 1 fr. 50 cent.

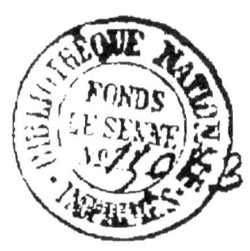

PARIS,

L.-P. DUBRAY, IMPRIMEUR DU MUSÉE NAPOLÉON,

RUE VENTADOUR, N.° 5.

1813.

AVERTISSEMENT.

La Galerie est maintenant divisée en neuf parties : la première, qui touche au grand Salon, est occupée par les Tableaux de l'Ecole Française ; les quatre suivantes contiennent ceux des Ecoles Allemande, Flamande et Hollandaise ; enfin, les quatre dernières, les Tableaux des différentes Ecoles italiennes. Des productions remarquables, et en grand nombre, n'avaient point été exposées jusqu'à présent : quelques-unes, ne sont pas encore placées, mais le seront dans la suite.

Les lettres C. du M. N., mises à la fin de plusieurs articles, indiquent les Tableaux gravés, dont le Public peut se procurer les Estampes, à la Calcographie du Musée Napoléon.

EXPLICATION

DES TABLEAUX

DE L'ECOLE FRANÇAISE.

BOURDON (Sébastien), né en 1616, mort en 1671.

1. — Le portrait de Bourdon. Il est assis, et tient sur ses genoux une tête antique.

2. — Repos de la Sainte Famille. La scène offre un paysage agréable orné de fabriques, et arrosé par un fleuve.

3. — Jésus dit à ses disciples : *Laissez-là ces enfans, et ne les empêchez pas de venir à moi, car le royaume du ciel est pour ceux qui leur ressemblent.*

4. — Le crucifiement de Saint Pierre, prince des apôtres. Deux anges lui apportent la couronne et la palme destinées aux martyrs.

5. — Le consul Astasius irrité de la résistance de Saint Protais, le fait décapiter au pied de la statue de Jupiter, en l'honneur duquel il avait refusé de sacrifier (Voyez le n.° 75).

6. — Halte de Bohémiens.

7. — Tentes de vivandiers. Un cavalier arrive dans l'une ; des soldats jouent aux cartes dans

l'autre; près d'eux une jeune fille verse à boire à une femme qui tient sur ses genoux un enfant endormi. Tableau peint en 1643.

BRUN (Charles Le), né en 1619, mort en 1690.

8. — Charles Le Brun, adolescent, tenant le portrait d'un militaire, dans un cadre de forme ovale, groupé avec les attributs des sciences et des arts.

9. — La Sainte Famille visite l'enfant Jésus, et la Vierge défend à Saint Jean-Baptiste de troubler le sommeil de son fils.

10. — Saint Etienne, renversé, prêt à expirer sous les pierres dont les Juifs l'accablent, lève les bras vers le ciel; il prie pour ses persécuteurs. Tableau peint en 1651. *C. du M. N.*

11. — La tente de Darius. Alexandre vainqueur et maitre du camp du roi des Perses, au combat d'Issus, visite, accompagné seulement d'Ephestion, les princesses restées ses prisonnières. La reine, épouse de Darius, lui présente son fils; Statira et sa jeune sœur se jettent à ses pieds; Sysigambis, mère du monarque vaincu, confuse d'avoir pris le favori pour Alexandre, reçoit du héros cette réponse : *Non ma mère, vous ne vous êtes pas trompée; celui-ci est un autre Alexandre.* *C. du M. N.*

12. — Caton informé que César approchait d'Utique, se donne la mort après avoir pourvu à la sûreté de ceux qui avaient suivi son parti.

13. — La constance de Mutius Scévola.

CLOUET dit Janet (François), vivait en 1547.

14. — Portrait de Henri II, roi de France, né

en 1518, mort en 1547. Ce tableau est exposé parmi ceux des peintres allemands.

COUSIN (Jean), mort fort âgé, vivait en 1589.

15. — Le Fils de Dieu vient juger les nations. Prosternés à ses pieds, la Vierge et Saint Jean l'adorent; les élus le contemplent; les prophètes attendent en silence l'accomplissement des décrets éternels. Le soleil est obscurci, les étoiles sont détachées, le livre de vie est ouvert, et les signes de la rédemption du genre humain sont exaltés. Les anges font bruire leurs trompettes, rassemblent les élus des quatre parties du monde, les séparent des méchans, qui sont précipités dans une mer de soufre ou livrés aux châtimens destinés à leurs crimes; sur le devant du tableau, les ministres de la mort agitent leurs rames; les réprouvés que la barque contient, vont disparaître de la terre des vivans.

COYPEL (Noël), né en 1628, mort en 1717

16. — Solon importuné par les gens qui venaient chez lui louer, blâmer, demander l'interprétation ou le retranchement de chaque article de ses lois, prit congé des Athéniens pour dix ans, espérant que ce tems suffirait au peuple pour s'accoutumer à leur régime.

17. — Ptolémée Philadelphe, roi d'Egypte, donne la liberté à cent vingt mille Juifs, paye à leurs maîtres, pour leur rançon, quatre cent soixante talens, envoye des présens magnifiques au temple de Jérusalem, et traite avec munificence les soixante-douze députés chargés de traduire en grec, pour sa bibliothèque, les lois judaïques.

18. — Trajan donne des audiences publiques aux Romains et aux nations qui se trouvent à Rome. Ce prince aimait la justice, il la rendait lui-même. Pline.

19. — Alexandre Sévère fait distribuer du bled au peuple romain pendant les trois disettes qui affligèrent l'empire sous son règne. Le sénat admira cette munificence, et fit frapper des médailles pour en éterniser la mémoire.

FOSSE (Charles de la), né en 1640, mort en 1716.

20. — Le mariage de la Vierge.

21. — La salutation angélique. La couronne de fleurs qui encadre cette composition, a été peinte par Jean-Baptiste Monoyer, plus connu par le prénom de Baptiste. Il naquit en 1635, et mourut en 1699.

FRESNOY (Charles-Alphonse du), né en 1611, mort en 1665, auteur d'un poëme latin sur la peinture.

22. — Sainte Marguerite, vierge et martyre, sous le règne de l'empereur Aurélien. Près d'elle est le monstre qui, au rapport des légendaires, l'engloutit, et dont elle sortit sans blessure, en faisant le signe de la croix.

23. — Une nymphe et des naïades.

GELÉE, dit le Lorrain (Claude), né en 1600, mort en 1682.

24. — Samuel, par ordre de Dieu, sacre roi d'Israël, David, fils d'Isaïe, en présence de son père et de ses frères. La scène se passe sous un portique d'ordre dorique, d'où la vue s'étend sur un riche paysage.

25. — Cléopâtre obligée d'aller rendre compte de sa conduite à Marc Antoine, aborde à Tarse, sur un bâtiment magnifique, et se présente à lui dans la parure la plus recherchée.

26. — Vue du Campo Vaccino, à Rome. L'on y remarque, à gauche, l'arc de triomphe de Septime Sévère, les restes du temple dédié à Faustine et à Antonin, ceux du temple de la Paix; dans le fond, le Colisée et l'arc de Tite; à droite, sur le devant, le temple de la Concorde, les trois colonnes du temple de Jupiter Stator, et les ruines du palais des Empereurs.

27. — Marine couverte de vaisseaux; le rivage est bordé par des fabriques d'une riche architecture. Parmi les figures du premier plan, l'on voit une jeune femme qui vend de la faïence.

28. — Paysage baigné par une rivière, et danse rustique à laquelle des citadins prennent part.

29. — Vue d'un port de mer au soleil couchant. Le quai est orné de palais, et la mer couverte de gondoles, de vaisseaux.

HYRE (Laurent de La), né en 1606, mort en 1656.

30. — Laban atteint Jacob dans sa fuite, et fait la recherche de ses idoles; Rachel qui les avait dérobées, se tient constamment assise sur la litière d'un chameau, sous laquelle elle avait eu l'adresse de les cacher.

31. — Jésus apparaît aux Saintes Femmes.

32. — Les légendaires rapportent qu'en 1449 le pape Nicolas V, assisté de trois prélats et de quatre religieux, fit ouvrir le caveau qui contenait le corps de Saint François d'Assise; qu'il le trouva

debout, entier, sans pourriture, les yeux ouverts vers le ciel, les mains couvertes par les manches de son habit, avec les stigmates aux pieds, aux mains et au côté, qui semblaient encore fraîchement imprimés. L'assistant, placé au-dessus du pape Nicolas, est le peintre de La Hyre.

33. — Paysage arrosé par une rivière où des femmes se baignent.

34. — Autre paysage orné de quelques figures.

JOUVENET (Jean), né en 1644, mort en 1717.

35. — La descente de croix et les apprêts de la sépulture de Jésus. *C. du M. N.*

36. — La Vierge et l'enfant Jésus président au dernier moment d'un vieillard à qui un prêtre administre l'extrême-onction. Ce tableau paraît représenter Saint Anschaire, archevêque de Hambourg et de Brême, à la fin du IX.e siècle, qui, au rapport des légendaires, guérissait les malades par la prière et l'onction de l'huile.

37. — L'abbé de La Porte, chanoine-jubilé, quitte le maître-autel de Notre-Dame de Paris, après avoir dit la messe.

LOO (Carle van), né en 1705, mort en 1765.

38. — Le Saint Esprit préside à l'union de la Vierge et de Saint Joseph.

LORME (A. de), naissance et mort inconnues.

39. — Intérieur d'une église gothique. Tableau peint en 1653.

MIGNARD (Pierre), né en 1610, mort en 1695.

40. — La Vierge présente une grappe de raisin

à l'enfant Jesus. Tableau connu sous le titre de *la Vierge à la grappe.*

41. — Sainte Cécile chante les louanges du Seigneur.

NAIN (Louis et Antoine Le). Ils étaient frères et moururent tous deux en 1648.

42. — Le maréchal et sa famille.

PATEL (le père).

43. — Un paysage. Tableau de forme ronde, orné d'architecture et de figures ; elles représentent Jochabed exposant Moïse sur le Nil.

44. — Autre paysage de même forme, dont les figures représentent Moïse enterrant dans le sable, l'égyptien qu'il avait tué.

POUSSIN (Nicolas), né en 1594, mort en 1665.

45. — Le portrait du Poussin, à l'âge de 56 ans.

46. — Le déluge. *C. du M. N.*

47. — Eliézer, économe d'Abraham, chargé d'aller en Mésopotamie chercher une femme pour Isaac, reconnaît celle que l'Eternel lui destinait, à la grâce que Rebecca, fille de Bathuel, mit à offrir l'eau qu'il avait demandée ; il lui présente un anneau et des bracelets. *C. du M. N.*

48. — Les Israélites recueillent la manne dans le désert. *C. du M. N.*

49. — Les Philistins ayant osé déposer près de Dagon, leur idole, l'arche du seigneur qu'ils avaient enlevée aux Israélites, sont frappés d'une cruelle et honteuse maladie, qui en moissonne un grand nombre. *C. du M. N.*

50. — Salomon, en ordonnant de diviser un

enfant dont deux femmes prétendaient chacune être la mère, parvient à connaître la véritable qui préfère d'abandonner son fils à sa rivale, pourvu qu'il vive.

51. — Jean, fils de Zacharie et d'Elisabeth, baptise, dans les eaux du Jourdain, les habitans de Jérusalem et de la Judée. *C. du M. N.*

52. — Thermutis avait sauvé Moïse des eaux du Nil et l'avait fait élever avec soin. Le voyant rempli de grâces et n'ayant point d'enfant, elle le porta à son père et lui dit : « C'est un pré-
» sent que le ciel m'a fait d'une manière ad-
» mirable ; j'ai résolu de l'adopter, et je vous l'of-
» fre pour votre successeur, puisque vous n'a-
» vez point de fils. » Le roi le reçut avec plaisir et lui mit sur la tête son diadème. Moïse l'ôta, le jeta par terre et marcha dessus. Le docteur de la loi qui avait prédit que la naissance de cet enfant serait funeste à l'Egypte, voulait qu'on le fît mourir. Thermutis, effrayée, l'emporta sans que le roi y mit opposition.

53. — Moïse et Aaron étant allé trouver Pharaon, firent ce que le Seigneur leur avait commandé. Aaron jeta sa verge devant le roi ; elle fut changée en serpent. Les sages d'Egypte firent la même chose par les secrets de leur art ; mais la verge d'Aaron dévora leurs verges.

54. — Jésus caresse Saint Jean en présence de la Vierge, de Saint Joseph et de Sainte Elisabeth.

55. — Deux aveugles entendant Jésus qui sortait de Jéricho, accompagné de Pierre, de Jacques et de Jean, lui demandent leur guérison et l'obtiennent. *C. du M. N.*

56. — Jésus connaissant la malice des docteurs de la loi et des Pharisiens qui l'interrogeaient sur le sort d'une femme adultère, que la loi condamnait à être lapidée, se contente d'écrire sur la terre, et de leur dire : *Que celui d'entre vous qui est sans péché lui jette la première pierre.* C. du M. N.

57. — Jésus institue le sacrement de l'Eucharistie.

58. — Saphire ayant détourné, de concert avec Ananie, son époux, une partie du prix d'un fond de terre dont la valeur devait être apportée aux apôtres, tombe morte aux pieds de Saint Pierre. C. du M. N.

59. — Les légendaires rapportent que Saint Jacques le majeur, sortant un soir avec ses disciples pour faire ses prières sur les bords de l'Ebre, en Espagne, reçut de la Vierge, qui vivait encore sur la terre, et lui apparut sur une colonne de jaspe, l'ordre d'édifier en ce lieu une église ; ils ajoutent que le saint apôtre fit construire une chapelle où l'on conserva la colonne de jaspe.

60. — L'Assomption de la Vierge. C. du M. N.

61. — Saint Paul dit dans la 2.ᵉ épitre aux Corinthiens, qu'il fut ravi dans le paradis, et qu'il y entendit des paroles ineffables qu'il n'est pas permis à un homme de rapporter. C. du M. N.

62. — Saint François Xavier rappelle à la vie, en présence des parens et d'un grand nombre de spectateurs, la fille d'un habitant du Japon, morte subitement.

63. — Saint Érasme, évêque, souffre la mort pour n'avoir pas voulu sacrifier sur les autels d'Hercule. Ce tableau a été exécuté en mosaïque à l'une des chapelles de Saint Pierre du Vatican, à Rome.

64. — Sainte Marguerite. Deux anges lui apportent la couronne et la palme réservées aux martyrs.

65. — Diogène en se promenant dans les environs d'Athènes, vit près d'une source un jeune homme qui, pour se désaltérer, buvait dans le creux de la main : *Tu m'apprends*, dit-il, *que je conserve encore du superflu :* et il jette son écuelle loin de lui. *C. du M. N.*

66. — Occupée à cueillir des fleurs sur les bords d'un fleuve, Euridice est piquée par un serpent et meurt peu à près son hymenée, en présence de son époux qui charmait par les accens de sa lyre les compagnes de cette infortunée. *C. du M. N.*

67. — Le Tems fait triompher la Vérité et la dérobe aux poignards de l'Envie et aux serpens de la Calomnie. Tableau exécuté pour le plafond du cabinet du cardinal de Richelieu. *C. du M. N.*

68. — Romulus ayant dissimulé son ressentiment du refus fait par les Sabins de s'unir à son peuple par des mariages, les attire à Rome sous prétexte d'une fête en l'honneur du dieu Consus ; là, au signal convenu, leurs jeunes filles sont enlevées et deviennent les épouses des Romains.

69. — Androclides et Angelus, les plus zélés serviteurs d'Eacides, roi des Molosses, voyant

leur maître chassé de ses Etats, enlèvent son fils Pyrrhus, encore à la mamelle, avec les femmes qui le nourrissaient, repoussent en fuyant leurs ennemis et parviennent, au soleil couché, sur les bords d'une rivière enflée par les pluies. Désespérant de la passer à gué ou de se faire entendre des gens du pays placés sur l'autre rive, l'un d'eux s'avise d'écrire l'origine et les dangers de l'enfant sur un morceau d'écorce de chêne, de lancer à l'autre bord ce morceau d'écorce attachée au fer d'une lance ou roulée autour d'une pierre. Les Mégariens, touchés des malheurs de Pyrrhus, coupent des arbres, les lient ensemble, traversent la rivière et parviennent à le sauver.

RIGAUD (Hyacinthe), né en 1659, mort en 1743.

70. — Pierre Mignard tenant un crayon et un porte-feuille. *C. du M. N.*

71. — Martin Bogaert, sculpteur, connu en France sous le nom de Desjardins. Sa main gauche est appuyée sur une tête de bronze qui paraît appartenir à l'une des statues dont il avait orné la place des Victoires. *C. du M. N.*

SANTERRE (Jean-Baptiste), né en 1651, mort en 1717.

72. — Suzanne au bain, observée par les vieillards. *C. du M. N.*

SUBLEYRAS (Pierre), né en 1699, mort en 1749.

73. — La Madeleine, aux pieds de J.-C. chez Simon le pharisien.

SUEUR (Eustache Le), né en 1617, mort en 1655.

74. — La Salutation angélique.

75. — Les prêtres déclarèrent à Astasius qu'il ne reviendrait point victorieux des ennemis qu'il allait combattre, s'il n'obligeait Gervais et Protais à sacrifier aux idoles. Le consul les fit venir tous deux devant la statue de Jupiter, pour les contraindre à sacrifier. Voyez les n.ºˢ 5, 212, 213.

76. — Lorsque Saint Paul prêcha l'Evangile aux Juifs et aux Gentils d'Ephèse, beaucoup de ceux qui avaient exercé la magie, apportèrent leurs livres et les brûlèrent devant tout le monde; quand on en eut évalué le prix, on trouva qu'il montait à cinquante mille pièces d'argent.

77. — Simon le Cyrénéen vient au secours de Jésus qui succombe sous le poids de la croix ; Sainte Véronique lui offre un linge qui reçut, au rapport des légendaires, l'impression de la face divine.

78. — Joseph d'Arimathie, Nicodème et Saint Jean, accompagnés de la Vierge et des Saintes Femmes, ensevelissent le corps de Jésus descendu de la croix.

79. — Trois religieux, un prêtre, une sainte fille, aperçurent un globe de feu sur la tête de Saint Martin, un jour que le Saint célébrait la messe, après avoir donné sa tunique à un pauvre, et s'être contenté, pour vêtement, d'une mauvaise robe noire. Le Seigneur, disent les légendaires, opéra ce miracle pour faire connaître combien la charité de Martin lui était agréable.

80. — Sainte Scholastique, accompagnée de

trois anges, des apôtres Saint Pierre, Saint Paul, de deux Vierges couronnées de fleurs, apparaît après sa mort à Saint Benoît.

81. — Avant de se retirer dans les déserts, Saint Bruno et ses compagnons distribuent aux pauvres le prix de leurs biens. Première pensée du huitième Tableau de la vie du Saint, que Le Sueur peignit pour la Chartreuse de Paris, et dont la suite est aujourd'hui exposée dans une des salles du Palais sénatorial.

VALENTIN (Moïse), né en 1600, mort en 1632.

82. — Saint Mathieu.
83. — Saint Marc.
84. — Saint Luc.
85. — Saint Jean.

Evangélistes. C. du M. N.

86. — Interrogé par les Pharisiens, si l'on devait payer le tribut à César, Jésus se fait apporter une pièce de monnaie, et dit : *Rendez à César ce qui est à César, et à Dieu ce qui est à Dieu.* C. du M. N.

87. — Martyres de Saint Process et de Saint Martinien, qu'on présume avoir été convertis par Saint Pierre et par Saint Paul, lorsqu'ils gardaient les deux apôtres dans la prison. Ce tableau a été exécuté en mosaïque à l'une des chapelles de Saint Pierre du Vatican, à Rome.

88. — Le concert. Parmi les huit personnes qui font de la musique, une jeune fille touche du clavecin et un jeune homme joue de la flûte.

89. — Autre concert. Six personnes chantent et s'accompagnent de divers instrumens ; sur le devant du tableau, un soldat vide un vase rempli de vin.

90. — Herminie, le berger et sa famille (*Jérusalem délivrée*, chant VII.ᵉ).

VERNET (Joseph), né en 1712, mort en 1786.

91. — Effet de clair de lune sur un port de mer. Des matelots y sont occupés à fondre du goudron à un grand feu.

92. — Marine vue au soleil couchant par un tems brumeux. Des pêcheurs mettent leur barque à flots.

93. — Vue d'un port de mer pendant le brouillard; vers la gauche du tableau, une tour et la poupe d'une galère.

94. — Vue du pont et du château Saint-Ange, construits sur les ruines du Mausolée de l'Empereur Adrien.

95. — Vue du pont rompu, dit anciennement à Rome *Pons senatorius*.

96. — Tempête portant avec violence un bâtiment hollandais sur la côte; sur le premier plan du tableau, des pêcheurs s'efforcent de mettre leur canot à l'abri des vagues.

97. — Vaisseau brisé par la tempête contre un rocher; une partie de l'équipage, réfugiée dans la chaloupe, tente les moyens d'échapper au naufrage.

VOUET (Simon), né en 1582, mort en 1648.

98. — Portrait du *Vouet*, peint par lui, et donné à l'Académie de Peinture par *Tortebat*, son gendre.

99. — Réunion d'artistes. Celui qui tient un

compas à la main, passe pour être *Clément Metezeau*, architecte, qui construisit la digue devant le port de La Rochelle, assiégée en 1627
et prise en 1628 par le roi Louis XIII. Quelques personnes reconnaissent *Pierre Corneille*
dans le poëte couronné de laurier, placé derrière Metezeau. Il était déjà célèbre par sa comédie de *Mélite*, qui eut un grand succès en
1633. On s'accorde à dire que l'artiste qui tourne
la tête vers le spectateur et tient un porte-feuille,
est *Le Vouet*.

100. — La Présentation de Jésus au temple.

ADDITIONS.

101. — Le Christ servi par les Anges. Par *Le Brun*.

102 — Le Christ aux Anges. Par *Le Brun*.

103. — La grappe de la Terre promise. Par *Le Poussin*.

EXPLICATION

DES TABLEAUX

DES ECOLES ALLEMANDE

FLAMANDE ET HOLLANDAISE.

ASSELYN (Jean van), né vers 1610, mort en 1660. *Ecole hollandaise.*

150. — Des bestiaux traversent le Tibre à gué; dans le lointain, un pont défendu par une tour.

151. — Marine. Les spectateurs placés sur la cime des rochers, semblent examiner l'étendue de la mer et la formation d'un orage.

BACKUYSEN (Ludolf), né en 1631, mort en 1709. *Ecole hollandaise.*

152. — L'yacht hollandais. Le vent agite les vêtemens des voyageurs.

153. — Barques et vaisseaux agités par un coup de vent.

154. — Mer houleuse à l'entrée d'un port.

155. — Vue d'un port de mer, présumé celui d'Amsterdam.

156. — Le port d'Amsterdam. Ce tableau

ÉCOLE ALLEMANDE.

été donné au M. N., par les héritiers d'Ed-
me Bouchardon, sculpteur du siècle dernier.

157. — Escadre hollandaise de dix bâtimens de guerre, sous voile, et faisant route
de conserve.

158. — Effet d'un grain sur la mer.

159. — Barque mise à sec sur le rivage;
vieille tour près de l'entrée d'un port.

BAMBOCHE (Pierre van Laar, dit le), né vers
1615, mort vers 1673. *Ecole hollandaise.*

160. — Le départ de l'hôtellerie.

161. — Une femme trait une chèvre;
un pâtre joue du chalumeau.

BEGA (Corneille), mort vers 1664. *Ecole hollandaise.*

162. — Le chimiste dans son laboratoire.

163. — L'intérieur d'une famille hollandaise.

164. — Réunion de buveurs et de fumeurs.

BERKHEYDEN (Guerard), mort en 1693.
Ecole hollandaise.

165. — Porte d'une ville, sous laquelle
un berger fait passer ses moutons.

166. — Vue de la colonne Trajane et de
l'église de Sainte-Marie de Lorette, à Rome.

BERKHEYDEN (Job), mort en 1698, frère de Guerard. *Ecole hollandaise.*

167. — Diogène cherchant un homme. Berkheyden l'a mis dans une place de Harlem, entouré des magistrats et des notables de la ville

BERGHEM (Nicolas), né en 1624, mort en 1683. *Ecole hollandaise.*

168. — Le passage du bac. Il est déjà rempli de bestiaux; des bergers et une femme montée sur un mulet, attendent leur tour pour y faire entrer leur troupeau.

169. — Abreuvoir où arrivent des bestiaux qu'une femme conduit en filant.

170. — Soleil couchant. Une jeune fille se lave les pieds dans un ruisseau où des vaches se désaltèrent.

171. — La chasse au sanglier.

172. — Des pâtres font traverser à leur troupeau le gué d'un torrent qui parcourt une vaste campagne.

173. — Vente d'animaux dans les ruines du Colisée, à Rome.

174. — Conduite des animaux au pâturage. Sur le devant du tableau, une paysanne à pied, porte un agneau; une autre est montée sur un bœuf.

175. — Vue des côtes de Nice. Des paysans conduisent leurs bestiaux à la ville qu'on aperçoit dans le lointain.

176. — Paysage entrecoupé de masses d'arbres et de rochers. Le chemin est couvert de bestiaux et de voyageurs, parmi lesquels on distingue une paysanne à cheval; une femme lui présente un enfant.

ERGHEN (Thierry van), né vers 1640. *Ecole hollandaise.*

177. — Pastorale. Une femme trait une vache sur les bords d'un ruisseau; un berger à ses côtés, est assis contre le tronc d'un saule.

178. — Char attelé de deux bœufs, prêt à sortir d'une ferme.

179. — Le repos des animaux.

EUCKELAER (Joachim), né vers 1550. *Ecole flamande.*

180. — Jésus exposé aux regards du peuple. Le lieu de la scène est un marché de comestibles: dans le fond, on aperçoit le Sauveur succombant sous le poids de la croix.

LOEMAERT (Abraham), né vers 1564, mort en 1647. *Ecole hollandaise.*

181. — La Discorde indignée de n'avoir point été invitée aux noces de Thétis et de Pelée, jette une pomme d'or au milieu des convives, avec cette inscription: *à la plus belle;* pendant que chaque déesse prétend la posséder, la Discorde reprend sa place parmi elles.

BOEHM ou BEHAM (Barthélemi), né ve[rs]
1496, mort vers l'an 1540. *Ecole allemande.*

182. — au milieu d'un peuple nombreu[x]
Jésus est conduit au Calvaire avec les la[r-]
rons. Sur le devant du tableau, la Vierg[e]
évanouie est secourue par Saint Jean et l[es]
Saintes Femmes. Quelques personnes don[-]
nent ce tableau à *Albert Durer.*

BOL (Ferdinand), mort en 1681, fort âgé. *Eco[le]
hollandaise.*

183. — Portrait d'homme, fait en 165[0.]
La tête est nue; le bras gauche et le chapea[u]
posent sur une balustrade.

BOONEN (Arnold), né en 1669, mort en 172[9.]
Ecole hollandaise.

184. — Un philosophe lit à la clarté d'u[n]
flambeau.

BOTH (Jean), mort vers 1650. *Ecole hollandaise.*

185. — Vue d'Italie au soleil couchant[.]
Parmi les figures, qui sont d'*André Both*[,]
on distingue un cavalier, et une femme su[r]
un mulet conduit par un paysan.

BRAUWER (Adrien), né en 1608, mort e[n]
1640. *Ecole hollandaise.*

186. — Le jeu de cartes.

187. — La musique bachique.

188. — L'intérieur d'une tabagie.

EEMBERG (Bartholomé), né en 1620, mort
en 1660. *Ecole hollandaise.*

189. — Repos de la Sainte Famille. Les
figures sont de *Corn. Poëlenburg.*

190. — Mercure aperçoit Hersé, fille de
Cécrops, à une fête célébrée en l'honneur
de Minerve; il en devient amoureux.

191. — Ruines de l'ancienne Rome, auxquelles le peintre a réuni la porte des jardins
Farnèse, attribuée à Vignole. Sur le devant
du tableau, une femme lave du linge à une
fontaine.

192. — Ruines de l'ancienne Rome. L'on
reconnaît une portion de celles du Colisée,
et dans le fond le Mole d'Adrien, aujourd'hui
le château Saint-Ange.

193. — Paysage enrichi de ruines et de
figures.

BREKELENKAMP (N.). *Ecole hollandaise.*

194. — Vieillard occupé à écrire.

BREUGHEL (Pierre, dit le vieux), florissait
en 1550. *Ecole flamande.*

195. — Village de Flandre, coupé par
une rivière. On remarque sur la route des
charretiers, leurs voitures et une femme
qui vend du lait.

196. — La danse de village.

BREUGHEL DE VELOURS (Jean), né ver[s] l'an 1589, mort en 1642. *Ecole flamande.*

197. — Daniel dans la fosse aux lions.

198. — Le repos en Egypte. Les figure[s] sont de *Rottenhamer.*

199. — La petite chapelle entourée d'ar[-]bres.

200. — Alexandre remporte la victoir[e] à Arbelles, sur Darius, roi des Perses.

201. — Le repas champêtre dans un parc[.] Les figures sont d'*Adrien van den Velde.*

202. — Fonderies, forges et produits va[-]riés des usines.

203. — Un fleuve et une naïade portent le tribut de leurs eaux à l'Océan, dont les bords sont couverts de poissons et de coquil[-]lages. Les figures sont de *van Baelen.*

BRIL (Paul), né en 1556, mort en 1626. *Ecole flamande.*

204. — Les pélerins d'Emmaüs, dans un[e] hôtellerie placée sur un tertre ombragé d[e] cyprès et de palmiers. Sur le devant du pay-sage, des bergers ramènent leurs troupeaux au bercail.

205. — Syrinx poursuivie par le dieu Pan, est métamorphosée en roseau sur les bords du fleuve Ladon.

CALCAR ou **KALCKER** (Jean van), né vers 1500, mort en 1546. *Ecole allemande.*

206. — Un Portrait d'homme vêtu en

noir ; le bras droit est appuyé sur la plinthe d'un pilastre, et le gauche couvert d'un manteau.

CHAMPAIGNE (Philippe de), né en 1602, mort en 1674. *Ecole flamande.*

207. — Philippe de Champaigne, peint par lui-même en 1668, à l'âge de 66 ans. *C. du M. N.*

208. — La fille aînée de Philippe de Champaigne, religieuse à Port-Royal, réduite à l'extrémité par l'effet d'une fièvre qui lui durait depuis 14 mois, fut abandonnée des médecins. Elle crut devoir le rétablissement de sa santé à la ferveur des prières de la mère Catherine Agnès, et son père en éternisa la mémoire par ce tableau qu'il peignit en 1662.

209. — Portrait de Robert Arnault d'Andilly, célèbre écrivain de Port-Royal, né en 1588, mort en 1674.

210. — La Cène. Il n'est pas constant que le peintre ait donné aux apôtres les traits des solitaires de Port Royal ; mais il est certain que le fameux docteur Antoine Arnaud, n'a aucune ressemblance avec le Judas représenté, quoique plusieurs personnes le prétendent.

211. — L'apôtre Saint Philippe. Tableau que l'artiste donna pour son morceau de réception à l'Académie de peinture, en 1648.

212. — Saint Ambroise raconte que Saint Paul lui apparut avec Saint Gervais et Saint Protais ; qu'il lui désigna l'endroit où il trouverait les corps de ces deux martyrs et les signes auxquels il les reconnaîtrait ; qu'à la suite de plusieurs visions semblables, il convoqua les évêques des environs, se transporta avec eux dans la basilique de Saint Félix et de Saint Nabor, et trouva devant la balustrade qui environnait les sépulcres des martyrs, deux hommes qui parurent plus grands que l'ordinaire, tous leurs os entiers, beaucoup de sang et la tête séparée du corps. Alors les vieillards se ressouvinrent d'avoir ouï autrefois les noms de ces martyrs, et d'avoir lu l'inscription de leur tombeau. Voyez le n.° 73.

213. — Saint Ambroise fait transporter dans la basilique de Fausta, les corps de Saint Gervais et de Saint Protais. Pendant la cérémonie, un homme d'entre la multitude fut tout d'un coup saisi de l'esprit immonde et commença à crier : « Que ceux là étaient tourmentés comme lui qui niaient les martyrs, ou qui ne croyaient pas à l'unité de la Trinité qu'enseignait Ambroise. » Voyez le n.° 73.

CLAISSENS (Antoine), florissait en 1496.
Ecole flamande.

214. — Cambyse, roi de Perse, fait saisir sur son tribunal, un juge prévaricateur.

215. — Cambyse fait écorcher le juge prévaricateur, et couvrir de sa peau le siége de son successeur.

CONING (Salomon), né en 1609. *Ecole hollandaise.*

216. — Jacob, avec l'aide de Rebecca, surprend à son père Isaac, la bénédiction due par droit d'aînesse à son frère Esaü. Tableau donné, par quelques personnes, à *Victoor*.

CONING (N).

217. — Portrait de Charles I.er, roi d'Angleterre.

COQUES (Gonzales), né en 1618, mort en 1684. *Ecole flamande.*

218. — Un jeune homme assis près d'une table chargée de plusieurs objets d'études, écoute avec plaisir une jeune personne qui touche du clavecin.

CRAESBEKE (Joseph van), né vers 1608. *Ecole flamande.*

219. — Craesbeke fait le portrait d'Adrien Brauwer, son maître et son ami. Voyez l'article Brauwer.

220. — Corneille Saft Leeven à son chevalet.

CRANACH ou KRANACH (Lucas Muller de), né en 1472, mort en 1553. *Ecole allemande.*

221. — Sous l'apparence de Saint Jean

Baptiste prêchant dans le désert, Cranach peignit Mélancthon expliquant la morale du 16.e chapitre du Deutéronome et du 3.e de l'évangile de Saint Luc, concernant les devoirs à remplir par les ministres des princes. Au nombre des spectateurs est Jean Frédéric le Magnanime, Electeur de Saxe, environné des officiers de sa cour; derrière ce prince est Luther, la tête couverte d'une calotte noire.

CRAYER (Gaspard de), né en 1582, mort en 1669. *Ecole flamande.*

222. — Un corbeau apporte à Saint Paul, premier hermite, un pain entier pour sa nourriture et celle de Saint Antoine, abbé. Dans le lointain on aperçoit, accompagné de deux lions, Saint Antoine portant le cadavre de Saint Paul à la sépulture; sur le devant du tableau est le portrait du donateur.

CUYP ou KUYP (Albert), né en 1606. *Ecole hollandaise.*

223. — Trois cavaliers, avec un chasseur à pied qui tient une perdrix. Le cavalier vêtu de bleu, est un prince de la maison d'Orange, dont la tête a été peinte par *Metzu.*

224. — Une jeune bergère donne à manger à une chèvre qui lui est amenée par son frère.

225. — Un domestique présente l'étrier à un cavalier dont le compagnon est déjà en selle.

226. — Deux enfans écoutent avec attention un pâtre qui joue du chalumeau.

DELEN (Thierry van), florissait vers l'an 1625.

227. — Les joueurs de balon. La partie a lieu dans la cour d'un palais.

DOUVEN (Jean-François), né en 1656. *Ecole allemande.*

228. — Suzanne et les vieillards.

229. — La Vierge aux cerises.

DOUW (Gérard), né en 1613, mort après 1662. *Ecole hollandaise.*

230. — Portrait de Gérard Douw.

231. — Un jeune homme, présumé le peintre lui-même, tient sur une table un petit tableau, qui représente un vieillard faisant la lecture à deux autres personnages.

232. — La mère de Gérard Douw, lisant la Bible à son époux.

233. — Le trompette. Dans le fond du tableau, on aperçoit l'enfant prodigue à table avec des courtisanes.

234. — Une femme âgée occupée à lire.

235. — La cuisinière hollandaise.

236. — La femme hydropique.

237. — L'épicière de village.

238. — Une servante tient une lampe, et regarde par la fenêtre.

239. — Une jeune femme s'occupe des soins du ménage, et la sœur cadette berce l'enfant.

240. — Un astrologue.

241. — Le peseur d'or.

242. — Une femme accroche une volaille à la fenêtre.

243. — Une jeune fille tient une grappe de raisin qu'elle a cueillie à sa croisée.

244. — L'arracheur de dents.

245. — Le même sujet traité différemment.

246. — Une femme avare, s'afflige de voir son coffre moins plein d'or et d'argent.

DUC (Jean Le), né en 1636. *Ecole hollandaise.*

247. — Un corps de garde, effet de nuit. Tableau attribué par quelques personnes à *Ov. d'Euren*, peintre peu connu, et de l'école de *Shalken.*

248. — Un corps de garde hollandais.

249. — Une jeune femme arrêtée par des voleurs, essaye de les fléchir par ses prières.

DURER (Albert), né en 1470, mort en 1528. *Ecole allemande.*

250. — Adoration des rois.

ALLEMANDE.

251. — La Crêche. Jésus est adoré par les anges et les bergers.

252. — Plusieurs actions de Jésus réunies sur le même tableau : l'Entrée triomphante dans Jérusalem, la Descente de croix, les Saintes femmes au tombeau, la Descente aux limbes, l'Ascension.

DYCK (Antoine van), né en 1599, mort en 1641.
Ecole flamande.

253. — Antoine van Dyck, peint par lui-même.

254. — Charles Ier, roi d'Angleterre.

255. — Les enfans de Charles Ier, roi d'Angleterre.

256. — Portrait en habit militaire, de Charles Louis Ier, duc de Bavière, électeur et palatin du Rhin, né en 1617, mort en 1680, et celui de Robert, son frère, né en 1619, mort en 1682. Ce dernier fut fait duc de Cumberland et comte d'Holderness par le roi Charles Ier, son oncle.

257. — François de Moncade, marquis d'Aytonne, gouverneur des Pays-Bas pour Philippe IV, roi d'Espagne. Il fut guerrier et historien, et mourut à Clèves en 1635.

258. — Portrait du général Moncade en buste. Voyez le n.° précédent.

259. — Juste Meustraten, syndic de la ville de Bruxelles, peint en 1636.

260. — François II du nom, des comtes de Vintimille et de Marseille, comte du Luc, seigneur de Gonfaron, de Revest, viguier de Marseille en 1649, et maréchal de camp des armées du roi ; né en 1606, mort en 1667, procureur-joint de la noblesse de Provence. Il tient une orange à la main.

261. — Guido Bentivoglio, né à Ferrare en 1579, et mort en 1644. Il fut nonce en Flandre et en France, publia plusieurs ouvrages, dont quelques-uns ont été traduits en français ; il fut créé cardinal en 1621.

262. — César-Alexandre Scaglia, issu de la famille des comtes de Verrue, en Piémont, célèbre par sa conduite diplomatique dans les cours où il fut envoyé par Charles Emmanuel de Savoie. A la mort de ce prince, il s'établit à Anvers, où il mourut en 1641.

263. — Portraits de famille, présumés ceux de Gonzales Coques, de son épouse et de leur fils. Voyez l'article *Coques*.

264. — Portrait d'un général. Sa main est posée sur un bâton de commandant : le paysage qu'on découvre par la fenêtre est borné par la mer. Plusieurs personnes donnent ce portrait à *Rubens*.

265. — Portrait d'homme portant la main droite sur la hanche, et la gauche sur le pommeau de son épée.

266. — Portrait d'un général ; il donne des ordres, et porte une écharpe rouge au bras gauche.

267. — Portrait d'un homme âgé de 37 ans, dont la main gauche est gantée.

268. — Portrait d'un homme vêtu d'un manteau noir, dont il relève un bout sur la hanche avec la main droite.

269. — Portrait d'un homme et de sa fille.

270. — Isabelle Claire Eugénie, souveraine des Pays-Bas, fille de Philippe II, roi d'Espagne. Elle naquit en 1566, épousa l'archiduc Albert d'Autriche en 1599, et mourut veuve en 1633. A la mort de l'archiduc, arrivée en 1621, elle vêtit l'habit religieux, et le porta le reste de ses jours.

271. — Portrait d'une dame et de sa fille.

272. — Portrait d'une dame dont le cou est orné d'un rang de perles, auquel elle porte la main droite.

273. — Portrait d'une jeune femme qui tient un éventail de plumes.

274. — *Ex-voto*. La Vierge et l'Enfant Jésus paraissent agréer les hommages des donateurs qui les invoquent.

275. — Le couronnement d'épines.

276. — Jésus succombe sous le poids de

la croix, et jette un regard douloureux sur Sainte Véronique.

277. — La Vierge, placée entre Saint Jean et la Madeleine, fond en larmes à la vue de son fils expirant sur la croix. Saint François d'Assise, embrasse avec ferveur les pieds de Jésus, et Saint Longin, à cheval, se retire consterné.

278. — Sainte Rose de Sainte-Marie embrasse les pieds de Jésus attaché à la croix. Saint Dominique et deux anges témoignent leur affliction. Un troisième, en éteignant un flambeau, semble annoncer que le Christ vient d'expirer. Ce tableau est un présent du peintre aux religieuses Jacobines d'Anvers, en reconnaissance des services rendus à son père, pendant le séjour qu'il fit dans leur maison, où il mourut.

279. — Jésus vient d'expirer sur la croix. La Madeleine et les disciples s'abandonnent à leur douleur ; mais la Vierge, en levant les yeux vers le ciel, semble avoir pénétré le mystère de la rédemption : elle se résigne à la volonté de l'Eternel. Plus loin Saint Longin paraît interdit, et le bourreau, qui vient de frapper les larrons pour hâter leur mort, respecte le corps de Jésus.

280. — Le corps de Jésus mort, repose sur les genoux de sa mère ; et Saint Jean en montre les plaies à deux anges dont les yeux sont baignés de larmes.

281. — Jésus mort, couché sur les genoux de sa mère, est pleuré par les anges. Première pensée du tableau exposé sous le n.° précédent.

282. — Le Christ mort, pleuré par la Vierge, la Madeleine et Saint Jean.

283. — Saint Jean-Baptiste et Saint Jean l'Evangéliste.

284. — Saint Augustin, placé entre Saint Benoît, Sainte Scholastique, soutenu par des anges, tombe en extase à la vue de Jésus qui lui apparaît dans sa gloire. Jésus est environné de la milice céleste chargée des attributs de sa puissance et des dons qu'il prépare aux élus.

285. — Près d'Amiens, Saint Martin, pendant l'hiver, coupe son manteau pour en donner la moitié à un pauvre privé de vêtemens.

286. — Vénus demande des armes à Vulcain.

DYCK (Philippe van) né en 1680, mort en 1752.
École hollandaise.

287. — Une jeune femme jouant de la guitare.

288. — Une jeune femme à sa toilette, forme une tresse de ses cheveux.

ÉCOLE ALLEMANDE, ANCIENNE.

289. — Les œuvres de miséricorde. Le

chiffre mis au bas de ce tableau, composé des lettres I, S, M, V, semble indiquer *Israël van Mecheln*; mais le goût des deux artistes qui ont porté ce nom, en diffère trop pour qu'il leur soit attribué. Quelques personnes le présument d'un artiste italien domicilié en Allemagne; plusieurs autres, de *Karle van Mander*; enfin, on l'attribue à *Corneille ver Meyen*, mort en 1559, à l'âge de 59 ans.

ÉCOLE FLAMANDE.

290. — Portrait présumé celui de François Rabelais, auteur de Pentagruel. Il mourut en 1533, à l'âge d'environ 70 ans.

EECKHOUT (Gerbrant, van den), né en 1621, mort en 1674. *École hollandaise.*

291. — Anne ayant obtenu un fils, vient à Silo, le présente au grand prêtre Elie, et le consacre au Seigneur. Elcana, son époux et père de Samuel, apporte trois mesures de farine, trois mesures de vin et trois veaux, pour les offrir à l'Éternel.

ELZHEIMER (Adam), né en 1574, mort en 1620. *École hollandaise.*

292. — Rencontre du prophète Elie et d'Abdias.

293. — Le bon Samaritain. Il panse charitablement les plaies du blessé qu'il a recueilli.

294. — La fuite en Egypte. La scène est éclairée par la lune et la lueur d'un feu.

295. — Paysage, ruines et figures.

296. — Stellé changé en lézard par Cérès. Il se moquait de l'avidité de la Déesse, à prendre le breuvage que la vieille Bécubo lui avait offert.

EVERDINGEN (Aldert van), né en 1621, mort en 1675. *Ecole hollandaise.*

297. — Chasseurs au pied des montagnes du Tirol, sur le bord d'un torrent.

298 — Site agreste et sauvage, n'offrant que rochers, bois de sapins et ciel orageux.

EYCK (Jean van), dit *Jean de Bruges*, né en 1366, mort en 1441. *Ecole flamande.*

299. — Dieu le père.
300. — La Vierge.
301. — Saint Jean-Baptiste. Ces deux tableaux servaient de volets au n.° précédent.

302. — L'agneau sans tache, symbole de Jésus, reçoit les hommages des vierges, des martyrs, des Pères de l'église et de toute la hiérarchie céleste.

303. — Le fils de Dieu dans sa gloire, juge les vivans et les morts ; l'archange

Saint Michel pèse les ames; les élus couverts d'habits nouveaux, selon leur rang et leur dignité, sont reçus par Saint Pierre, tandis que les réprouvés, livrés aux esprits pervers, vont subir le châtiment réservé à leurs crimes. Ce tableau, attribué par quelques personnes à *Jean Ouwater*, contemporain de *van Eyck*, a été restauré en quelques parties par Christophe Krey, en 1728.

304. — A droite du spectateur, Saint Donatien, évêque; à gauche, Saint Georges, présentant un chanoine à l'enfant Jésus, qui joue sur les genoux de sa mère avec un perroquet.

FABRICIUS (Carle), né en 1624. *Ecole hollandaise.*

305. — L'apôtre Saint Pierre bénit la famille de Corneille le centenier. Tableau exécuté en 1659.

306. — Le philosophe en méditation.

307. — Un chasseur, assis et assoupi, tient un fusil sur ses genoux. Tableau exécuté en 1654.

FAES ou le CHEVALIER LELY (Pierre van der, né en 1618, mort en 1680. *Ecole allemande.*

308. — Portrait d'un homme portant un collet garni de dentelles.

FIBDELER ou SIBDELER, peintre peu connu.

309. — Fruits, légumes et instruments

de musique sur une table couverte d'un tapis.

FLINCK (Govaert), né en 1616, mort en 1660. *Ecole hollandaise.*

310. — Une jeune bergère.

311. — Les anges annoncent aux bergers la venue du Messie.

FRANC FLORE (François de Vriendt), né en 1520, mort en 1570. *Ecole flamande.*

312. — La chute des anges rebelles.

GLAUBER (Jean), né en 1646, mort en 1726. *Ecole hollandaise.*

313. — Pastorale dont les figures sont de *G. Lairesse.*

GOËN (Jean van), né en 1596, mort en 1656. *Ecole hollandaise.*

314. — Village sur un canal, et pêcheurs occupés à retirer leurs filets de l'eau.

HAGEN (Jean van), florissait vers l'an 1660. *Ecole hollandaise.*

315. — La vue d'un village situé au milieu d'une vaste campagne. Sur le devant du tableau, un paysan conduit en laisse des chiens de chasse à la suite d'un cavalier.

HALS (François), né en 1584, mort en 1666. *Ecole flamande.*

316. — Portrait de René Descartes, né en 1596, mort en 1650.

317. — Portrait d'homme, dont la main droite est appuyée sur la hanche.

318. — Portrait de femme ; elle tient des gants à la main.

HÉEM (Jean-David de), né en 1600, mort en 1674. *École hollandaise.*

319. — Encadrement en fleurs, fruits et instrumens, supporté par un lion, et renfermant le portrait d'un prince de la maison d'Orange.

320. — Table chargée de jambon, de homards, d'huîtres, de vases et de fruits.

321. — Groupe d'instrumens, de vases et de fruits.

322. — Table couverte d'huîtres, de homards, de fruits, de coquillages, de vases, etc.

HELST (Bartholommé van der), né en 1613. *École hollandaise.*

323. — Portrait d'un homme vêtu de noir ; il tient son chapeau à la main.

324. — Des bourgmestres distribuent le prix du jeu de l'arc.

HEMMELINCK (Hans), florissait en 1480. *École flamande.*

325. — Tableau en trois parties sous le même n.° A la gauche du spectateur, Saint Guillaume, protecteur du donateur et de

ses enfans mâles ; au centre, Saint Christophe portant l'enfant Jésus, accompagné de Saint Benoît et de Saint Gilles ; à droite, Sainte Barbe, protectrice du donateur et de ses filles.

HEMMESSEN (Jean van), florissait en 1550. *Ecole flamande.*

326. — Le jeune Tobie rend la vue à son père.

HEUS (Guillaume de), né à Utrecht, en 1638, mort dans un âge avancé. *Ecole hollandaise.*

327. — Sur le devant du paysage, un cavalier donne du cor ; il est accompagné d'un piéton et de quelques chiens.

328. — Deux pâtres ramènent leurs bestiaux des champs.

HEYDEN (Jean van der), né en 1637, mort en 1712. *Ecole hollandaise.*

329. — Eglise et place d'une ville de Hollande.

330. — Vue extérieure d'une église de Hollande.

331. — Vue d'une porte de la ville d'Anvers et de l'église des jésuites.

332. — Vue de la maison de ville d'Amsterdam avec une partie de la place et des édifices qui l'environnent. Les figures de ces quatre tableaux sont d'*Adrien van den Velde.*

333. — Ancien palais et jardins des comtes de Flandre, à Bruxelles. On aperçoit dans le lointain l'église de Sainte Gudule.

334. — Vue d'un village et d'un vieux château. Un pauvre demande l'aumône au cavalier qui passe sur le pont.

HOLBEEN (Hans), né en 1498, mort en 1554.
Ecole allemande.

335. — Maître Nicolas Kratzer, astronome de Henri VIII, roi d'Angleterre. Il naquit en Bavière, et fut peint en 1528.

336. — Portrait d'homme, assis dans un fauteuil et couvert d'une toque. Il tient à la main un parchemin plié.

337. — Portrait de l'archevêque de Cantorbery, peint en 1528, à l'âge de 70 ans.

338. — Portrait de Didier Erasme, né à Roterdam en 1467, mort en 1536, auteur de plusieurs ouvrages estimés et ami d'*Holbéen*; il est vu de profil.

339. — Autre portrait d'Erasme; il est vu de trois-quarts.

340. — Portrait d'un homme âgé de 46 ans, et peint en 1526; il tient des gants à la main.

341. — Portrait de Thomas Morus, grand chancelier d'Angleterre, décapité en 1535, par ordre de Henri VIII; son doigt est orné d'une bague.

342. — Autre portrait de Thomas Mo‑us ; il est décoré d'une chaîne d'or et tient un papier à la main.

343. — Portrait d'un jeune homme qui porte un faucon sur le poing.

344. — Portrait d'un homme qui tient un rosaire, et dont la tête est couverte d'une toque.

345. — Une jeune femme coiffée d'un voile jaune, et dont les mains sont croisées.

346. — Portrait d'une jeune femme, ornée d'un collier de perles et habillée d'un corset rouge.

347. — Une femme âgée de 38 ans en 1525 ; elle tient un chapelet de corail à la main.

348. — Une famille réunie à table.

349. — Le sacrifice d'Abraham.

HONDEKOETER (Melchior), né en 1636, mort en 1695. *Ecole hollandaise.*

350. — Entrée des animaux dans l'arche de Noé.

351. — Combat d'un coq contre un corbeau, en présence d'un pélican, d'un paon et de plusieurs autres animaux.

352. — Le concert discordant, composé de tous les oiseaux qui ne chantent point.

353. — Combat d'un coq et d'un poulet d'Inde.

354. — Béliers, daims, gazelles, bœufs, éléphant, et autres quadrupèdes étrangers qui étaient conservés dans la ménagerie de La Haye, du tems de *Hondekoeter*.

355. — Canards; oies avec leurs petits.

356. — Coq, oies et canards, poursuivis par des chiens.

HONTHORST (Guerard), né en 1592, vivait encore en 1662. *Ecole flamande.*

357. — Deux portraits de forme ovale. L'un peint en 1640, représente le prince Charles Louis, électeur palatin du Rhin.

358. — L'autre, celui du prince Robert, son frère. Voyez l'article *Dyck (van* au n.° 256.

359. — Une servante du grand prêtre dit en montrant Saint Pierre : *Celui-ci était aussi avec Jésus de Nazareth.*

360. — Pilate se lave les mains et déclare qu'il est innocent du sang du juste que le peuple veut verser.

HOOGE (Pierre de), florissait en 1660. *Ecole hollandaise.*

361. — Intérieur d'une maison hollandaise, que des femmes viennent de laver selon l'usage du pays.

HOUBRAKEN (Arnold), né en 1660, mort en 1719. *Ecole hollandaise.*

362. — Tête de vieillard portant barbe

UYSUM (Jean van), né en 1682, mort en 1749. *Ecole hollandaise.*

363. — Des jeunes filles cueillent des eurs pour aller les répandre sur un tom- eau.

364. — Paysage avec figures.

365. — Autre paysage où l'on voit des ens qui se baignent.

366. — Raisins, pêches, melons, pru- es et abricots groupés avec des fleurs.

367. — Une corbeille de fleurs, au ied de laquelle est un bouquet d'oreilles 'ours.

368. — Fruits, tubéreuses, œillet d'In- e, volubilis.

369. — Vases de fleurs; sur la table, oses et anémones doubles.

ARDIN (Carle du), né en 1640, mort en 1678. *Ecole hollandaise.*

370. — Portrait fait en 1657, et présumé elui du peintre.

371. — Jésus crucifié entre les deux lar- ons, en présence des juifs, des disciples et les Saintes Femmes qui soutiennent la Vier- ;e évanouie.

372. — Une fileuse garde un taureau, leux moutons et un âne.

373. — Des pêcheurs près d'une cascade, et un homme à cheval tirant un âne par le licou.

374. — Des charlatans. Ils sont montés sur des tréteaux, font la parade pour débiter leurs drogues.

375. — Charlatans et animaux savans.

376. — Un pâtre fait traverser un gué à son troupeau.

377. — Pâturage ombragé par de grands arbres, sous lesquels on voit des moutons une vache et deux poulains.

378. — Bocage coupé de rochers et de chutes d'eau; sur le devant, un âne, des moutons et deux vaches.

JORDAENS (Jacques), né en 1594, mort en 1678. *Ecole flamande.*

379. — Jordaens et sa famille.

380. — L'adoration des bergers.

381. — Les vendeurs chassés du temple.

382. — Jésus sur la croix, pleuré par Saint Jean et les trois Maries.

383. — Les quatre évangélistes.

384. — Le roi boit. Composition de 15 figures. Jordaens se plaisait à traiter ce sujet, en variant le nombre des personnages et des accessoires.

385. — Le roi boit. Composition de 10 demi figures.

386. — Le concert de famille. Compoition de 8 demi-figures.

387. — Le satyre à table avec le rustre et sa famille.

388. — L'éducation de Jupiter.

KALF (Guillaume), né vers 1630, mort en 1693. *Ecole hollandaise.*

389. — Une femme met un chaudron sur le feu; un soldat amuse ses hôtes en portant sous le nez de son camarade endormi, une amorce qui jette de la fumée.

390. — Intérieur d'une chaumière hollandaise.

KEYSER (Théodore). *Ecole hollandaise.*

391. — Les bourgmestres d'Amsterdam délibèrent sur les honneurs à rendre à la reine Marie de Médicis, pour son arrivée dans cette ville, en 1638.

KNELLER (Godefroy), né en 1648, mort en 1726. *Ecole allemande.*

392. — Un portrait d'homme, il tient avec la main droite son manteau posé sur l'épaule gauche.

LAIRESSE (Gérard de), né en 1640, mort en 1711. *Ecole hollandaise.*

393. — L'Assomption de la Vierge. Saint

Jean montre aux Saintes Femmes des roses qu'il a recueillies dans le sépulcre.

394. — Hercule placé entre le Vice et la Vertu.

395. — Achille à Scyros. Il trahit son sexe et le secret de sa mère en se couvrant d'un casque et en s'armant d'une épée que Ulysse avait placés parmi les bijoux offerts aux femmes de Déidamie. Thétis l'avait envoyé déguisé en fille, sous le nom de Pyrrha, à la cour de Lycomède, pour le dérober aux dangers du siége de Troie; l'oracle ayant déclaré cette ville imprenable sans le secours de son bras.

396. — Séleucus, roi de Syrie, instruit par le médecin Erasistrate, qu'un amour secret pour la reine Stratonice, son épouse, conduisait son fils Antiochus au tombeau, la lui donne en mariage avec une grande partie de son empire.

397. — La mort de Germanicus, fils de Drusus, et victime de la jalousie de Tibère, qui le fit empoisonner à Daphné, auprès d'Antioche, par Pison, gouverneur de la Syrie; il mourut à 34 ans, l'an 29 de l'ère chrétienne.

LIEVENS (Jean), né en 1607. *Ecole hollandaise.*

398. — Tête de vieillard portant la barbe longue, une toque noire et les mains sur un bâton.

399. — La visitation de la Vierge.

LIMBORG (Henri van), élève d'Adrien van der Werff.

400. — La Sainte Famille.

LINGELBACK (Jean), né en 1625, mort en 1687.

401. — Arrivée de la flotte hollandaise aux Dunes.

402. — Fête publique.

LOO (Jacques van), né en 1614, mort en 1670. *Ecole flamande.*

403. — Le Portrait de Michel Corneille, le père, peintre d'histoire.

MEEL ou MIEL (Jean), né en 1599, mort en 1664. *Ecole flamande.*

404. — Le barbier napolitain.

405. — Un pauvre demande l'aumône à des paysans qui prennent un repas à la porte de leur chaumière.

406. — Le dîné des voyageurs.

407. — Des soldats jouent aux cartes, et se font dire la bonne aventure à l'entrée d'une caverne.

MESSIS (Quintin, dit le maréchal d'Anvers), né vers l'an 1450, mort en 1529. *Ecole flamande.*

408. — La famille de la Vierge et de Sainte Elisabeth.

409. — Le mariage de Zacharie et de Sainte Elisabeth.

410. — Zacharie perd la parole, pour n'avoir pas cru à la promesse de l'ange du Seigneur. Ces deux tableaux servaient de volets au n.° précédent.

METZU (Gabriel), né en 1615, mort vers 1658.
Ecole hollandaise.

411. — Un cavalier, le verre à la main, converse avec une jeune dame occupée à accorder une guitare.

412. — Un chasseur le verre à la main.

413. — Une femme assise, tient un pot de bière et un verre.

414. — Une cuisinière.

415. — Une marchande de volaille et de gibier.

416. — Le marché aux herbes de la ville d'Amsterdam.

417. — Le chimiste en méditation.

418. — Un cavalier fait présenter des rafraîchissemens à une dame.

419. — Un cavalier écoute une jeune personne qui joue d'un instrument à cordes, mais il paraît plus occupé de la lettre qu'une autre dame écrit.

MEULEN (Antoine van der), né en 1634, mort en 1690. *Ecole flamande.*

420. — Arrivée de Louis XIV près des

portes de la ville d'Arras, en 1680, lorsque accompagné de la reine et de sa cour, il visita les Pays-Bas. *C. du M. N.*

421. — Arrivée de Louis XIV devant la ville de Maestricht, en 1673. *C. du M. N.*

422. — Combat de cavalerie, près d'un pont.

423. — Attaque d'un pont.

424. — Petit convoi escorté.

425. — Halte de cavaliers à la porte d'une hôtellerie.

426. — Voiture attelée de six chevaux pies ; les dames qui sont dans la voiture reçoivent les hommages de plusieurs cavaliers.

MICHAU (Théobald), né en 1676, mort vieux.
Ecole flamande.

427. — Des paysans tuent un cochon ; d'autres patinent sur la glace.

MIERIS (François), né en 1635, mort en 1681.
Ecole hollandaise.

428. — François Mieris jouant de la guitare.

429. — Portrait d'un ecclésiastique appuyé sur une balustrade.

430. — Portrait d'un homme enveloppé d'un manteau rouge. Il a près de lui un lévrier.

431. — Portrait d'homme habillé en satin violâtre ; il joue de la vielle.

3..

432. — Portrait d'un jeune homme appuyé sur une balustrade.

433. — Une jeune femme laisse caresser par son fils l'enfant au maillot qu'elle allaite.

434. — Un cavalier tire l'oreille d'un petit chien assis sur les genoux d'une dame vêtue d'un manteau rouge et d'une jupe bleue.

435. — Le faiseur de bouteilles de savon.

436. — Une négresse apporte un bassin et une aiguière à une dame occupée de sa toilette.

MIERIS le fils (Guillaume van), né en 1662, mort en 1747. *Ecole hollandaise.*

437. — La marchande épicière.

438. — Le marchand de gibier.

439. — La marchande de marrons, de fruits et de harengs saurs.

440. — Le marchand de petits pains chauds; il écoute une jeune fille et tient en main le cornet dont on se sert dans les Pays-Bas, pour annoncer que les petits pains sont hors du four.

441. — Marchande de beurre et de fromage.

442. — Un jeune garçon fait des bouteilles de savon près d'une fenêtre; une jeune fille placée derrière lui, tient une grappe de raisin, et un petit garçon regarde l'oiseau renfermé dans une cage.

443. — Une cuisinière lève le rideau de la fenêtre pour y accrocher une volaille ; un jeune garçon tient un plat rempli de viandes.

MIGNON (Abraham), né en 1640, mort en 1679.
Ecole allemande.

444. — Ecureuils, poissons, fleurs, fruits et nid de pinçons nourris par leur mère.

MOL (Péeters van), né en 1580, mort en 1650.
Ecole flamande.

445. — Le Christ mort, pleuré par les Saintes Femmes, Saint Jean et Joseph d'Arimathie.

MORO (Antoine), né en 1500, mort en 1568. *Ecole flamande.*

446. — Dom Juan d'Autriche, fils naturel de l'empereur Charles V, mort en 1578, à l'âge de 32 ans. Ce jeune prince est célèbre par ses talens militaires.

447. — Portrait d'un jeune homme portant barbe, ayant sur la tête une toque ornée de plumes ; la main droite pose sur une tête de mort, la gauche sur la garde de l'épée. Son habillement est rouge, garni d'un passe-poil en or. Sur le pilastre on lit : *AEtatis suæ* 28 - 1546.

448. — Portrait d'un homme en habit noir à manches rouges, assis près d'une table.

449. — Portrait d'un homme en habit

et toque noirs, la main droite appuyée sur sa ceinture, et la gauche sur une table.

450. — Portrait d'un homme portant barbe, vêtu de noir, et la main sur la poitrine.

451. — Après sa résurrection, Jésus couronné par deux anges, est accompagné des apôtres Saint Pierre et Saint Paul.

MOUCHERON le père (Frédéric), né en 1633, mort en 1686. *Ecole hollandaise.*

452. — Le matin. *Adrien van den Velde* a peint le pâtre et le troupeau.

453. — Le soleil couchant. Les figures et les animaux sont de *Begyn.*

MURANT (Emmanuel), né en 1622, mort en 1700. *Ecole hollandaise.*

454. — Un berger traverse un village; il conduit son troupeau aux champs.

MYTENS (Daniel), né en 1636, mort en 1688. *Ecole hollandaise.*

455. — Portrait de Charles I.er, roi d'Angleterre. L'architecture est de *Henri Steinweyck,* le fils.

NEEFFS (Péeter). Naissance et mort inconnues. Il florissait en 1600. *Ecole flamande.*

456. — Vue de la cathédrale d'Anvers. Un prêtre y célèbre la messe. Tableau peint en 1652.

ALLEMANDE.

457. — Autre vue de la cathédrale d'Anvers. Les figures sont de *François Franck*.

458. — Effet de nuit. Vue intérieure d'une église à l'usage des catholiques romains; un prêtre y donne la bénédiction.

459. — Autre vue intérieure d'une église; un prêtre y dit la messe, un second porte le viatique.

460. — Vue intérieure d'une église. Effet de nuit. Les figures sont de *Teniers*.

461. — Deux intérieurs d'église; petits tableaux de forme ovale sous le même n.º

462. — Vue intérieure d'une église, effet de nuit. Un prêtre, revêtu d'un surplis, converse avec deux personnages qui l'accompagnent.

NÉER (Aart, Artus ou Arnould, van der), né en 1619, mort en 1683. *Ecole hollandaise*.

463. — Rivière glacée, chargée de patineurs et de traîneaux; sur le devant du tableau, plusieurs groupes de figures et le chiffre dont le peintre se servait.

NÉER (Eglon, van der), né en 1643, mort en 1703. *Ecole hollandaise*.

464. — A l'entrée d'un parc, deux jeunes garçons jouent avec un chat et un chien; plusieurs groupes de figures, sur des plans

différens, occupent le reste du tableau.

465. — Des voyageurs à cheval et en chariots, sur un chemin bordé de rochers.

466. — Des enfans jouent avec un oiseau guetté par un chat.

467. — Une marchande de poissons.

NETSCHER le père (Gaspard), né en 1639, mort en 1684.

468. — Portrait de famille. Netscher accompagne avec la guitare le chant de sa fille, que la mère écoute avec attention.

469. — La leçon de musique vocale.

470. — La leçon de basse de viole.

471. — Deux jeunes gens. L'un d'eux, assis sur le devant du tableau, tient un verre rempli de liqueur.

472. — La mauvaise nouvelle.

472 *bis*. — Le portrait chéri.

NETSCHER (Constantin), né en 1670, mort en 1722. *Ecole hollandaise.*

473. — Vénus pleure Adonis métamorphosé en anémone.

OOST le père (Jacques van), né vers l'an 1600, mort en 1671. *Ecole flamande.*

474. — Pendant la peste qui désola la ville de Milan, Saint Charles Borromée ne cessa de porter des secours aux malades

et de leur administrer les derniers sacremens. Il mourut en 1584, à l'âge de 47 ans.

OSTADE (Adrien van), né en 1610, mort en 1685. *Ecole hollandaise.*

475. — La famille d'Adrien van Ostade.

476. — Le maître d'école, la férule à la main, au milieu de ses écoliers.

477. — Un paysan offre à une femme de danser avec elle au son d'un violon et d'une vielle.

478. — Un musicien ambulant accorde son violon.

479. — Des paysans écoutent à la porte de leur chaumière un chansonnier ambulant qui s'accompagne avec le violon.

480. — Le notaire dans son étude.

481. — Un joueur, en colère, a jeté ses cartes à terre; une femme cherche à sauver de sa fureur une cruche et un vidrecome; un ménétrier, accoutumé à pareilles scènes, continue à racler du violon.

482. — Après une partie de jeu, un Hollandais présente un verre de bière à l'un de ses camarades. Le coup qui a mis fin à la partie, semble occuper encore leurs voisins.

483. — Marché aux poissons.

484. — Un buveur, le pot de bière et le verre à la main.

485. — Réunion de fumeurs à la porte d'un cabaret.

486. — Des hommes fument, d'autres jouent aux cartes.

487. — Dans une tabagie; un homme allume sa pipe; un autre s'apprête à boire.

488. — Dans un estaminet, un homme, la pipe à la main, vient saluer une femme assise, qui tient un vidrecome.

OSTADE (Isaac van), né vers 1612. *Ecole hollandaise.*

489. — Rivière glacée, couverte de patineurs et de traîneaux.

490. — Un paysan dans sa charrette, arrêté à la porte d'un cabaret pour se rafraîchir.

491. — Halte de voyageurs à cheval et en chariots, à la porte d'une hôtellerie.

POEL (van der), *Ecole hollandaise.*

492. — Incendie d'un édifice pendant la nuit.

POELENBURG (Corneille), né en 1586, mort en 1660. *Ecole hollandaise.*

493. — Des anges emportent dans les airs un tableau entouré de fleurs. Il représente la Vierge et l'Enfant Jésus.

ALLEMANDE.

494.— Une jeune femme porte à la main une couronne de fleurs.

495. — Ruines du palais des Empereurs et du temple de *Minerva Medica*, à Rome, près desquelles un berger mène paître son troupeau.

496. — Troupeau de bœufs dans un pâturage.

497. — Des baigneuses.

498. — Baigneuses près d'un pont de construction antique.

499. — Des femmes au bain, près de ruines antiques.

PORBUS le père (François), mort en 1580, âgé d'environ 40 ans. *Ecole flamande.*

500. — Portrait d'homme, la tête couverte d'une toque et la barbe fourchue.

501. — Jésus, à l'âge de 12 ans, confond les docteurs de la loi.

PORBUS le fils (François), né en 1570, mort en 1622. *Ecole flamande.*

502. — Portrait en pied de Henri IV, roi de France, mort en 1610, à l'âge de 57 ans.

503. — Guillaume Du Vair, garde des sceaux sous le roi Louis XIII, né en 1556, mort en 1621.

504. — La Cène.

505. — Saint François d'Assise stigmatisé.

506. — Cérémonie religieuse. Ce tableau est donné par quelques personnes à l'un des *Nain*. Il est placé dans l'Ecole française.

POTTER (Paul), né en 1625, mort en 1654.
Ecole hollandaise.

507. — Des bœufs dans un pâturage près de quelques chaumières; sur le devant du tableau, à l'ombre, une truie avec ses petits.

508. — Deux vaches et un agneau tétant sa mère.

509. — Dans un vaste pâturage, pâtre, taureau, vache, bélier, brebis, agneaux, peints de grandeur naturelle.

510. Un homme apporte à boire à deux chevaux attachés à l'auge d'un cabaret.

511. — Vaches et bœufs au pied d'un chêne; l'un d'eux est tacheté de noir et de blanc.

512. — Berger, bœuf et moutons, peints en 1648.

513. — Prairie arrosée par une rivière dans laquelle des hommes se baignent et des bestiaux s'abreuvent.

514. — Trois bœufs et trois moutons dans un pré.

515. — Laitière, berger, vaches et mou-

:ons. Tableau peint en 1651, au premier :oup.

516. — Un voyageur converse avec une femme à la porte d'une auberge; il fume une pipe.

PYNACKER (Adam), né en 1621, mort en 1675.
Ecole hollandaise.

517. — Paysage dont le premier plan est occupé par une femme, un enfant, quelques animaux et une habitation rustique pratiquée dans le creux d'un rocher.

518. — Une barque à l'ancre au pied d'une tour, et une felouque remplie de passagers et de leurs bagages.

QUELLYN le père (Erasme), né en 1607, mort en 1678. *Ecole flamande.*

519. — Les quatre Pères de l'Eglise latine, Saint Jérôme, Saint Grégoire, Saint Ambroise et Saint Augustin, dissertant sur la transsubstantiation.

REMBRANT (Van Ryn), né en 1606, mort en 1674.

520. — Portrait de Rembrant dans sa jeunesse. Tableau de forme ovale.

521. — Autre portrait de Rembrant encore jeune. Tableau de forme ovale.

522. — Autre portrait de Rembrant, la palette à la main.

523. — Portrait de Rembrant, coiffé d'une toque et portant une chaîne d'or au cou.

524. — Portraits de Rembrant, de son épouse et de ses enfans, peints au premier coup.

525. — Portrait de Coppenol, maître écrivain, occupé à tailler une plume.

526. — Portrait d'homme portant moustaches et longs cheveux; une toque lui couvre la tête.

527. — Portrait d'un jeune homme assis et la tête découverte.

528. — Portrait d'homme coiffé d'un bonnet de poil.

529. — Portrait d'un guerrier peint en 1655; il s'appuie sur le bois d'une lance.

530. — Portrait d'homme vu de face, et la tête couverte d'un chapeau; peint en 1634.

531. — Portrait d'un guerrier. Tableau de forme octogone.

532. — Tête de vieillard portant barbe, et à demi-chauve.

533. — Portrait d'une jeune femme présumée l'épouse de Rembrant. Elle est vue de profil; elle a la tête couverte d'une toque en velours ornée de plumes.

534. — Portrait de femme avec pendans d'oreilles et habit fourré.

535. — Portrait de jeune femme portant un œillet à la main et un collier de perles au cou.

536. — Portrait d'une jeune dame. Tableau de forme ronde.

537. — Le Samaritain fait transporter dans une hôtellerie, l'homme blessé dont il avait lui même pansé les plaies.

538. — Jacob, avant de mourir, bénit les enfans de Joseph; son fils tente en vain de diriger la main du vieillard sur la tête de Manassé, Jacob la maintient sur celle d'Ephraïm qui était le puîné. *C. du M. N.*

539. — Tobie et sa famille prosternés devant l'ange du Seigneur.

540. — Dalila fuit avec la chevelure de Samson qu'elle a trahi et livré. Les Philistins le terrassent, l'enchaînent et lui crèvent les yeux.

541. — La Présentation de Jésus au temple.

542. — Jésus fait la fraction du pain, en présence des Pélerins d'Emmaüs. *C. du M. N.*

543. — Saint Mathieu l'Evangéliste.

544. — Un vieillard dont les mains sont croisées.

545. — Le philosophe en méditation.

546. — Le même sujet traité différemment.

547. — Le ménage du menuisier.

548. — La famille du bûcheron. Tableau fait en 1645.

549. — Vénus et l'Amour.

550. — Paysage agreste, avec figures et chèvres sur le devant du tableau.

551. — Autre paysage; on y remarque un pont de bois vers la droite, et deux chasseurs vers la gauche.

ECOLE DE REMBRANT.

552. — Le Christ porté au tombeau. Quoique ce tableau soit signé *Rembrant*; il est donné par les uns à *Ferdinand Bol*; par les autres à *Dieterich*.

ROMEYN (Guillaume van).

553. — Bœufs et Moutons dans un pâturage.

ROTTENHAMER (Jean), né en 1564, mort vers 1608. *Ecole allemande.*

554. — Le jeune Saint Jean présente à l'enfant Jésus des fleurs cueillies par les Anges.

555. — Jésus présenté au peuple par ordre de Ponce-Pilate.

556. — Le Christ succombe sous le poids de la croix.

557. — Devant Jupiter prêt à foudroyer Phaéton, les Dieux tiennent conseil dans l'Olympe. Sur la terre les mortels sont effrayés de la chaleur qui les dévore; le fils téméraire du Soleil, qui ne peut guider les chevaux que son père a eu la faiblesse

lui confier, est au milieu des nuages en-
nmés.

BENS (Pierre Paul), né en 1577, mort en
1640. *Ecole flamande.*

558. — *Grotius, Juste Lipse, Philippe*
Pierre - Paul Rubens. — *Grotius*, aussi
nu par son attachement à Barneveldt,
nd pensionnaire de Hollande, que par
écrits sur la politique, est à la droite du
ectateur; un chien, symbole de l'amitié,
caresse. Près de lui est *Juste-Lipse*, cé-
re par ses écrits sur la jurisprudence, la
litique et la morale. Le buste de *Sénèque*,
cé au-dessus de la tête de Juste-Lipse,
pelle les ouvrages qu'il composa sur la doc-
ne des Stoïciens que Sénèque professait ;
tulipes, son goût pour la culture de ces
urs. Le troisième est *Philippe Rubens*,
mme de lettres et secrétaire de la ville
Anvers, mort en 1611, âgé de 34 ans.
fin, le dernier est *Pierre-Paul Rubens*
n frère, dont les tableaux, répandus dans
galerie, sont des témoins irrécusables de
s grands talens. Grotius mourut en 1645,
é de 63 ans, et Juste Lipse en 1606, à
ans.

559. — *François Sneyders et son épouse.*
peintre excellait à représenter les ani-
aux, et fut souvent employé par Rubens,
nt il était élève.

560. — *Portrait d'Elisabeth de Bourbon*,

fille de Henri IV, morte en 1644; elle avait épousé, en 1615, Philippe IV, roi d'Espagne.

561. — Portrait de femme coiffée d'un chapeau et tenant des roses à la main.

562. — Portrait d'une dame de la famille Booven; elle tient une cordelière en filigrane.

563. — Portrait de femme vêtue de noir; elle a la tête nue et les mains croisées.

564. — Portrait d'Ambroise Spinola, marquis de Venafre, né en 1569, mort en 1630. Il s'illustra dans les guerres de Flandre et d'Italie, à la tête des armées espagnoles.

565. — Jean Richardot, président du Conseil privé des Pays-bas, et l'un des négociateurs envoyés par le roi d'Espagne Philippe IV, à Vervins, mort en 1609; il donne la main à un enfant. Ce Portrait a été donné par erreur à *van Dyck*.

566. — Nicolas Rockox, bourgmestre de la ville d'Anvers, ami de Rubens, né vers 1560, mort en 1640.

567. — Adrienne Perés, épouse de N. Rockox, mariée en 1589, morte en 1619. Ces deux portraits formaient les volets du n.° suivant.

568. — Jésus confond l'incrédulité de Saint Thomas.

569. — Sainte Anne enseigne à lire à la Vierge.

570. — La fuite en Egypte.

571. — La fuite en Egypte, au clair de lune.

572. — La même composition avec quelques changemens.

573. — Jésus dit à ses disciples : *Jetez le filet au côté droit de la barque, et vous trouverez du poisson.* Ils le jetèrent aussitôt, et ils ne pouvaient plus le tirer, tant il était chargé.

574. — Par ordre de Jésus, Saint Pierre jette la ligne à la mer, et dans la bouche du premier poisson qu'il prend, il trouve une pièce d'argent de quatre drachmes pour payer le tribut exigé.

575. — L'ange Raphaël commande à Tobie de prendre le poisson par les ouies et de le mettre sur le rivage. Ces deux tableaux servaient de volets au n.° précédent.

576. — L'adoration des mages. On aperçoit dans le fond deux serviteurs montés sur des chameaux.

577. — L'adoration des mages, composition de 22 figures ; des torches allumées éclairent une partie de la scène.

578. — La décolation de Saint Jean-Baptiste.

579. — Saint Jean l'Evangéliste plongé dans une cuve d'huile bouillante. Ces deux tableaux servaient de volets au n.° précédent.

580. — La résurrection de Lazare.

581. — L'institution de l'Eucharistie.

582. — La flagellation de J. C.
583. — Elévation en croix.
584. — Saint Jean, la Vierge et les saintes femmes éplorées.
585. — Apprêts du supplice des larrons. Ces deux tableaux servaient de volets au n.° précédent.
586. — La descente de croix.
587. — La Purification.
588. — La Visitation. Ces deux tableaux servaient de volets au n.° précédent.
589. — La Madeleine, la Vierge, Saint Jean et les disciples; ils sont saisis d'horreur à l'instant où le centenier perce le côté de Jésus crucifié entre les deux larrons.
590. — Jésus sur la croix, pleuré par Saint Jean, la Vierge et la Madeleine.
591. — Jésus descendu de la croix, pleuré par la Vierge, Saint Jean, la Madeleine et Joseph d'Arimathie.
592. — Esquisse terminée de la descente de croix exposée sous le n.° 586.
593. — Jésus mort est pleuré par Saint Jean, les saintes femmes et Saint François d'Assise; deux anges tiennent la lance et considèrent la plaie qu'il a au côté; la Madeleine regarde avec dévotion les clous qui l'ont tenu attaché à la croix.
594. — Le corps de Jésus mort entre les bras de son père; deux anges tiennent les instrumens de son supplice.

595. — La vue de J. C. ressuscité épouvante les gardes mis autour du tombeau. C. du M. N.

596. — Sainte Thérèse intercède Jésus en faveur des ames du purgatoire.

597. — La Vierge, accompagnée d'un nombreux cortége d'esprits célestes, s'élance vers le ciel; les apôtres sont remplis d'admiration; les disciples soulèvent la pierre qui couvrait son tombeau, et la Madeleine recueille les fleurs qu'il contenait.

598. — Assomption de la Vierge; les anges lui apportent la couronne de fleurs préparée par son fils; les apôtres sont dans l'étonnement, et les saintes femmes considèrent le linceul qui la renfermait.

599. — Jésus apparaît à Saint Roch, et le constitue patron des pestiférés. La tablette que l'ange présente aux pestiférés, rappelle les mots que Saint Roch traça avant de mourir, pour annoncer aux fidelles, disent les légendaires, la dignité dont il était revêtu. Voyez *Ribadenéira*.

600. — Saint François d'Assise sentant sa fin approcher, se jeta nu hors du lit, et reçut en cet état les derniers sacremens. Il mourut en 1226, à l'âge de 45 ans.

601. — La Vierge apparaît à Saint François d'Assise, et lui confie l'enfant Jésus.

602. — Saint Pierre attaché à la croix.

603. — L'arc en ciel, paysage pastoral.

604. — Diogène, la lanterne à la main,

cherche un homme. Quelques personnes donnent ce tableau à *Jacques Jordaens.*

605. — Allégorie. Le temple de Janus est ouvert. Une femme, en habits de deuil tend en vain les bras vers le ciel ; ni les Amours, ni Vénus ne peuvent retenir Mars entraîné par la Discorde et précédé par les Chimères. Il foule aux pieds le commerce, les arts, et son glaive est déjà teint de sang humain.

606. — Tomyris, reine des Scythes, après avoir vaincu Cyrus, roi des Perses, et lui avoir tué deux cent mille hommes, lui fait couper la tête et la met dans un vase rempli de sang, en lui insultant par ces paroles :
« *Cruel que tu es, rassasie toi, après ta*
» *mort, du sang dont tu as eu soif pendant*
» *ta vie, et dont tu as toujours été insa-*
» *tiable.* » Hérodote.

607. — Vue des environs de Cadix. Le peintre a représenté la princesse Nausicaa accueillant Ulysse jeté par la tempête sur le rivage des Phéaciens ; et, dans le ciel, Minerve implorant Jupiter en faveur du roi d'Itaque.

608. — Les environs de Malines. Sur le devant du tableau, le peintre a représenté des villageoises chargées d'herbes, de turneps ; elles portent des fourches et des rateaux propres à ramasser les foins.

609. — Tournoi, près des fossés d'un château.

610. — Kermesse ou fête de village. C. M. N.

RISDAEL (Jacques), né vers 1640, mort en 1681. *Ecole hollandaise.*

611. — Paysage dont le fond est occupé par un village situé près d'un bois; sur le devant du tableau est un vieux chêne touffu.

612. — Rochers couverts d'arbres et de masures baignés par un torrent qui, en se précipitant, forme plusieurs cascades.

613. — Deux tableaux sous le même numéro, représentant des chutes d'eau à travers des rochers dont la cime est couronnée par des châteaux forts.

614. — Vaste campagne éclairée par un coup de soleil. Les figures sont de *Ph. Wouermans.*

615. — Forêt coupée par une rivière où les bestiaux s'abreuvent. Les figures et les animaux sont peints par *Berghem.*

616. — Une tempête.

SAFT LEVEN ou ZACHT-LEEVEN (Cornille), né au commencement du 17.e siècle. *Ecole hollandaise.*

617. — Une seconde occupation du jeune homme assis, est de jouer avec un chien.

SAFT LEVEN (Herman), né en 1609. Il é
frère du précédent. *Ecole hollandaise.*

618. — Vue des bords du Rhin, paysa
enrichi de barques, de fabriques et
figures.

SALAERT (Antoine), né en 1570. *Ec*
flamande.

619. Procession instituée à Bruxelles p
l'infante Isabelle, en 1615, à laquelle ass
taient chaque année douze filles pauvres, q
recevaient une dot, en mémoire de l'adres
avec laquelle cette princesse avait abattu
oiseau placé sur la cime du clocher de Notr
Dame-des-Sablons.

SCHALKEN (Godefroi), né en 1643, mc
en 1706. *Ecole hollandaise.*

620. — Un peintre assis près de son ch
valet.

621. — La Sainte Famille.

622. — La Madeleine dans sa grot
éclairée par la lumière d'un flambeau.

623. — Un vieillard répond à une lettr
qu'il tient à la main.

624. — Une jeune fille éclairée par l
lumière que tient un jeune homme.

625. — La consultation indiscrète, o
la curiosité punie.

626. — La remontrance inutile.

627. — Cérès cherchant Proserpine.

SEGHERS (Gérard), né vers l'an 1589, mort en 1651. *École flamande.*

628. — Saint François d'Assise, tombé en extase; il est secouru par les anges.

SEIBOLD (Chrétien), né en 1697, mort en 1768. *École allemande.*

629. — Le portrait de Seibold peint par lui-même.

SLINGELANDT (Pierre van), né en 1640, mort en 1691. *École hollandaise.*

630. — Portrait d'un jeune homme vêtu de noir et dont la tête est nue.

631. — Une femme à la porte d'un cordonnier, lui fait des reproches auxquels il paraît attentif.

632. — Une dame assise entre ses deux enfans, prête l'oreille au jargon d'un perroquet; son époux remet une lettre à un nègre.

SNEYDERS (François), né en 1579, mort vers l'an 1657. *École flamande.*

633. — Ecureuils, singe, perroquet, melons, citrons et différens fruits et légumes.

634. — Fruits, légumes, gibier et chasseur occupé à mettre un chevreuil au croc; la figure est de *Rubens.*

635. — Cerf poursuivi par une meute de chiens.

STEEN (Jean), né en 1636, mort en 1689.
Ecole hollandaise.

636. — Une société nombreuse réunie dans une grande salle, mange, boit, joue. Sur le devant du tableau, une jeune fille à genoux, fait cuire des huîtres sur le gril et les arrose d'huile.

637. — Le roi boit; fête donnée à un enfant. Le tableau porte la date de 1688.

638. — Les soins de la basse-cour.

639. — Les plaisirs de chaque âge. Le vieillard lit, la femme âgée amuse sa petite fille ; les gens de moyen âge chantent, fument à table et rient des sons discordans d'un jeune garçon qui accompagne avec son flageolet le joueur de musette ; près de lui une petite fille joue avec un chat; et dans le fond, un jeune homme conte des douceurs à une jeune personne.

640. — Un médecin tâte le pouls à une jeune femme.

641. — Un médecin assis près du lit d'une jeune demoiselle, reçoit de la mère un verre de vin.

STEINWEYCK le fils (Henri), vivait en 1628.
Ecole hollandaise.

642. — Jésus chez Marthe et Marie. Les figures sont de *Cornille Poëlenburg*.

643. — Intérieur d'une église gothique

consacrée au culte catholique romain; elle est éclairée par le jour. Sur le premier plan du tableau, un moine revêtu d'un surplis, converse avec un cavalier et deux dames.

644. — Vue d'une église dans laquelle un religieux montre à des curieux le tableau placé sur l'autel.

TENIERS le vieux (David), né en 1582, mort en 1649. *Ecole flamande.*

645. — Un joueur de cornemuse; dans le fond, des buveurs écoutent la lecture de la gazette. Plusieurs personnes attribuent ce tableau à *David Teniers* le jeune.

TENIERS le jeune (David), né en 1610, mort vers 1694. *Ecole flamande.*

646. — Vieillard en robe et bonnet fourré.
647. — L'enfant prodigue, à table avec des courtisanes.
648. — Les œuvres de miséricorde.
649. — Saint Pierre renie son maître.
650. — La tentation de Saint Antoine.
651. — La tentation de Saint Antoine. Composition qui n'a aucun rapport avec la précédente.
52. — La noce de village.
653. — Les apprêts d'un repas.
654. — La danse au son d'une cornemuse
655. — Estaminet. Les deux fumeur placés sur le premier plan, sont coiffés du

d'un bonnet bleu; l'autre, d'un bonnet rouge.

656. — Le fumeur. La servante entr'ouvre la porte ; auprès de la cheminée un buveur regarde deux hommes jouer aux cartes.

657. — Des paysans jouent aux cartes dans un estaminet ; l'hôte reçoit de l'argent d'un cavalier ; plusieurs personnes sont assises auprès du feu.

658. — Le rémouleur.

659. — La chasse au héron.

660. — Des paysans boivent et fument à la porte d'un cabaret; des pêcheurs lèvent leurs filets de la rivière.

661. — Au déclin du jour, fête de village à la porte d'un cabaret. Le ciel offre quelques nuages qui font présager un orag prochain.

662. — Intérieur d'un estaminet occupé par cinq paysans, dont deux jouent aux cartes ; sur le second plan, le garçon marque les parties avec de la craie.

TERBURG (Gérard), né en 1608, mort en 1681.
Ecole hollandaise.

663. — Un trompette attend les ordres d'un officier assis près d'une jeune femme.

664. — Une jeune dame assise, étudie un air sur la mandoline.

665. Un militaire offre de l'argent à une jeune femme.

THULDEN (Théodore van), né en 1607, vivait encore en 1662. *Ecole flamande.*

666. — Une descente de croix.

TOL (Van), imitateur de Gérard Douw. *Ecole hollandaise.*

667. — Une jeune fille montre un oiseau qu'elle tient suspendu par les pattes. Dans le fond de l'appartement, un homme assis près d'une fenêtre, paraît méditer sur quelques passages d'un livre ouvert sur ses genoux.

ULFT (Jacques van der), né vers 1627. *Ecole hollandaise.*

668. — Porte d'une ville dont les murs sont baignés par une rivière.

ULIET (Henri van), né vers 1585. *Ecole hollandaise.*

669. — Portrait d'un jeune homme vêtu de noir et décoré d'un hausse-col.

VEEN (Octave van *ou* Otto Vénius), né en 1556, mort en 1634. *Ecole flamande.*

670. — La résurrection de Lazare.

VELDE (Adrien van den), né en 1639, mort en 1672. *Ecole hollandaise.*

671. — Un pâtre et sa femme jouent avec leur enfant en faisant paître leur troupeau.

672. — Bœufs, vaches, cheval, moutons, dans une prairie ombragée par des arbres.

673. — Les amusemens de l'hiver.

674. — Près d'une ferme un paysan trait sa vache et indique la route à un cavalier.

675. — Paysage orné de fabriques; la route est couverte d'animaux conduits par un pâtre et une femme.

676. — Pâturage couvert de troupeaux gardés par deux pâtres et une femme.

677. — Bœufs, moutons, sur le bord d'une rivière au soleil levant: sur le second plan deux bergers; l'un d'eux pêche à la ligne.

678. — Promenade d'un prince de la maison d'Orange sur la plage de Schevelingen.

679. — Vue de la plage de Schevelingen à la mer descendante.

680. — Groupe de pêcheurs sur la plage de Schevelingen.

VELDE le fils, (Guillaume van den), né en 1633, mort en 1707. *Ecole hollandaise.*

681. — Mer calme couverte de vaisseaux; des pêcheurs profitent de la descente de la marée pour prendre les poissons qu'elle abandonne.

682. — Bâtiment en pleine mer; l'un d'eux lâche une bordée de stribord et de babord.

683. — Marine en tems calme, couverte

l'un grand nombre de bâtimens ; quelques-uns portent le pavillon hollandais.

684. — Tems calme sur mer, barques et vaisseaux à trois mâts.

VENNE (Adrien van der), né en 1586, mort en 1650. *Ecole hollandaise.*

685. — Fête donnée à l'occasion de la trève conclue entre l'archiduc Albert d'Autriche et les Hollandais, en 1609. Le paysage est de *Breughel de Velours.*

VERKOLIE (Nicolas), né en 1675, mort en 1746. *Ecole hollandaise.*

686. — Un vieillard à son bureau, taillant une plume.

687. — Proserpine cueille, avec ses compagnes, des fleurs dans les prairies d'Enna, en Sicile ; elle n'aperçoit point Pluton qui attend un instant favorable pour l'enlever.

VICTOOR ou FICTOOR (Jean), florissait en 1640. *Ecole hollandaise.*

688. — Par ordre de Dieu, Samuel sacre roi d'Israël, David, fils d'Isaie, en présence de ses frères et de son père.

689. — Une jeune fille à sa fenêtre. Ce tableau est signé *Jean Fictoor*, 1640.

VOS (Cornille de), florissait à Anvers en 1620.

690. — Portrait d'un vieux concierge de la confrérie des peintres d'Anvers ; il porte

suspendu au cou, suivant l'usage du tems, des plaques d'argent marquées aux armes de la confrérie.

691. — Les sectateurs de Tanchelin, convertis par Saint Norbert, lui rapportent les vases sacrés et les habits sacerdotaux dont ils avaient dépouillé les églises depuis 15 ans. Ce fut Saint Norbert qui fonda l'ordre des Prémontrés; il mourut en 1134.

VOYS (Ari *ou* Adrien de), né en 1641. *Ecole hollandaise.*

692. — Un peintre à son chevalet, présumé *Adam Pinaker*, fameux paysagiste.

693. — Portrait d'un négociant assis à son bureau.

694. — Un chasseur assis, une perdrix à la main.

WEENIX le père, ou WEENINX (Jean-Baptiste), né en 1621, mort en 1660. *Ecole hollandaise.*

695. — Corsaires turcs débarqués et repoussés. Sur le devant du tableau, une jeune femme et un enfant implorent le général contre un levantin qui lui a volé des vases précieux et des vêtemens.

WEENIX ou WEENINX (Jean), né en 1644, mort en 1719. *Ecole hollandaise.*

696. — Paon, perdrix, lièvre et autres animaux groupés avec des instrumens de

chasse, près d'un vase de marbre blanc, sur lequel est représenté l'enlèvement des Sabines; à la droite du spectateur, un chien de chasse garde le fusil de son maître.

697. — Lièvre, coq et corbeille de fleurs.

698. — Lièvre, perdrix et instrumens de chasse.

WERFF (Adrien van der), né en 1659, mort en 1722. *Ecole hollandaise.*

699. — Adam et Eve près de l'arbre de la science du bien et du mal.

700. — Abel tué par son frère, et pleuré par Adam et Eve.

701. — La chasteté de Joseph.

702. — Les anges annoncent aux bergers la naissance du Messie.

703. — Repos de la Sainte Famille.

704. — Séleucus, roi de Syrie, donne son épouse Stratonice en mariage à son fils Antiochus, consumé d'un amour secret pour sa belle mère.

705. — Diane assise à l'entrée d'un bois; son carquois est à ses pieds.

706. — Les amours de Pâris avec OEnone, fille du fleuve Cébrène, et nymphe du mont Ida.

707. — Deux nymphes dansent devant un jeune faune qui joue de la flûte.

4*

WITTE (Emmanuel de), né en 1607, mort en en 1692. *École hollandaise.*

708. — Vue du chevet d'une église et d'un mausolée d'une exécution magnifique.

709. — Vue de l'intérieur d'une église de Delft, orné de drapeaux suspendus.

WITTIG (Barthélemi), né à Oels en Silésie, mort en 1684. *École allemande.*

710. — Un banquet somptueux; effet de nuit. Tableau peint en 1640.

WOLGEMUTH (Michel), né en 1434, mort en 1519. *École allemande.*

711. — Jésus amené devant Pilate.

WOUVERMANS (Philippe), né en 1620, mort en 1668. *École hollandaise.*

712. — Rencontre de cavalerie.

713. — Un parti de cavalerie attaque une redoute défendue par de l'infanterie.

714. — Un choc de cavalerie.

715. — Escarmouche de cavalerie.

716. — Attaque d'un pont par un corps de cavalerie.

717. — Choc de cavalerie polonaise.

718. — Un groupe de cavaliers qui se rafraîchissent à l'entrée d'une tente de vivandiers.

ALLEMANDE.

719. — Des cavaliers prennent des rafraîchissemens à l'entrée d'une tente.

720. — Halte des voyageurs campagnards.

721. — Le départ pour la chasse au faucon.

722. — Le départ pour la chasse au vol.

723. — La chasse au cerf.

724. — Halte de chasseurs.

725. — Halte de chasse.

726. — Le départ pour la promenade.

727. — L'arrivée à l'hôtellerie.

728. — La sortie de l'hôtellerie.

729. — Le repas des voyageurs.

730. — Le maréchal ferrant.

731. — Le même sujet composé différemment.

732. — Le maréchal ferrant. Autre composition.

733. — Le manége sur les bords d'une rivière.

734. — Le manége.

735. — Voiture attelée de quatre chevaux pies ; halte de Bohémiens.

736. — Voiture attelée de six chevaux gris pommelé ; cavalier exerçant sa monture autour d'un piquet, dans un parc.

737. — Le bœuf gras promené.

738. — Le charrois de foins.

739. — La voiture chargée de foin.

740. — Le repos des moissonneurs.

741. — Le produit de la pêche en vente.

742. — Les vendeurs de marée à la provision.

743. — Deux cavaliers marchandent du poisson sur le bord de la mer.

744. — Quelques voyageurs passent un torrent à gué, d'autres sur un pont de bois.

WYNANTS (Jean), né vers l'an 1600, et mort en 1670. *Ecole hollandaise.*

745. — Vue d'un chemin qui sépare un bois de la rivière. Il est couvert de troupeaux et de bergers. Sur le devant du tableau deux chasseurs se reposent. Les figures et les animaux sont d'*Adrien van den Velde.*

746. — Paysage coupé par un chemin sur lequel on voit un cavalier qui va à la chasse à l'oiseau.

747. — Vue d'une ferme dans une vaste campagne arrosée par une rivière, coupée par un bois et deux routes. Les figures et les animaux sont d'*Adrien van den Velde.*

ZUSTRIS ou SUSTER (Lambert), florissait à fin du 16.ᵉ siècle.

748. — Vénus joue avec l'Amour et des colombes. Dans le lointain on aperçoit le Dieu Mars.

EXPLICATION

DES TABLEAUX
DES DIFFÉRENTES
ÉCOLES ITALIENNES.

ALBANE (Francesco Albani, dit l'), né en 1578, mort en 1660. *École bolonaise.*

761. — La naissance de la Vierge; des femmes donnent les premiers soins à l'enfant ; dans le fond et sur un plan plus élevé, on aperçoit Sainte Anne dans son lit, et près d'elle Saint Joachim, rendant des actions de grâces au ciel. Un groupe d'anges occupés à brûler des parfums, remplit la partie supérieure du tableau.

762. — La Salutation angélique.

763. — Le même sujet traité différemment.

764. — L'enfant Jésus, Saint Jean, la Vierge et Sainte Elisabeth. L'enfant Jésus embrasse Saint Jean; es anges adorent ou répandent des fleurs.

765. — Le Père Éternel dicte ses commandemens, fait régner la justice et la paix, donne la foi et la persévérance.

766. — Jésus apparaît à la Madeleine, après sa résurrection.

767. — Saint François en oraison devant le crucifix.

768. — Salmacis devient éperdument amou-

reuse d'Hermaphodite, en le voyant se baigner dans la fontaine dont elle était la naïade.

769. — Daphné poursuivie par Apollon.

770. — Actéon métamorphosé en cerf.

771. — Apollon chassé de l'olympe pour avoir tué, à coups de flèches, les cyclopes forgerons du foudre que Jupiter avait lancé contre son fils Esculape, était réduit à garder les troupeaux du roi Admète. Touché des peines du fils de Latone, le maître des Dieux envoye Mercure pour lui annoncer la fin de son exil. Les Divinités sont rassemblées dans l'olympe; les Muses sont près des sources de l'Hippocrène; les troupeaux du roi de Pherès paissent dans la prairie.

772. — Cybèle, assise sur son trône, et accompagnée de Flore, de Cérès, de Bacchus et de Pomone, invoque la chaleur vivifiante de l'astre du jour, qui fait naître et mûrir les productions de la terre.

LES QUATRE ÉLÉMENS.

773. — L'Air. Junon, symbole de l'air, montée sur un char tiré par des paons et guidé par l'Amour, préside aux pluies, au tonnerre et aux couleurs de l'Iris. Elle commande à Éole de déchaîner les vents. A leur approche les alcyons fuient épouvantés.

774. — L'Eau. Amphitrite règne sur les eaux. Portée sur une conque tirée par des dauphins, et accompagnée de tritons et de néréides, elle parcourt le liquide élément, à l'aide d'une voile pourpre dirigée par des Amours. Quelques-uns de ces enfans se joignent aux nymphes pour recueillir le corail, les perles et les autres productions de

l'Océan, dont le domaine s'accroît par les eaux que les fleuves, les naïades lui portent en tribut.

775. — Le Feu. Le feu élémentaire est exprimé par Jupiter armé de la foudre ; le feu matériel par la forge de Vulcain ; le feu de l'Amour par Vénus distribuant à ses enfans des torches enflammées, au foyer desquelles ils forgent des traits qu'ils décochent contre le maître des Dieux.

776. — La Terre. Cybèle parcourt la terre dont elle est le symbole, assise sur un char attelé de deux lions guidés par l'Amour. Elle est accompagnée de Flore, de Cérès et de Bacchus, qui lui font hommage des fleurs, des fruits et du vin que des Amours s'empressent de recueillir.

Les Tableaux, placés sous les quatre n.° suivans, retracent l'image des Amours de Vénus et d'Adonis.

777. — Vénus, impatiente de revoir Adonis, a quitté le séjour qu'elle aimait autrefois. Assise sur les bords de la mer, elle se regarde avec complaisance dans une glace qui lui présage la victoire. Les Grâces et les Amours s'occupent de l'embellir encore. Quelques-uns de ces enfans ailés, abreuvent d'ambroisie les cygnes qu'ils vont atteler au char de la Déesse, et près d'eux l'Hymen chante les douceurs d'une union désirée.

778. — Tandis que Vulcain se repose aux pieds de Vénus, les Amours forgent des traits, les aiguisent, les essaient, forment des arcs, ou présentent à la Déesse un bouclier percé de flèches. Diane et ses compagnes, portées sur des nuages, contemplent avec des yeux inquiets et jaloux la forge et les travaux des Amours.

779. — A la suite de leurs travaux les Amours

s'abandonnent au sommeil ; les nymphes de Diane les surprennent, les désarment, détruisent les carquois, les arcs et les traits qu'elles redoutent. L'une d'elles semble déjà défier les Amours ; mais sa compagne, plus prudente, l'engage à ne pas les réveiller. Diane dans les airs s'applaudit de la victoire.

780. — Les Amours ont bientôt réparé leurs pertes ; tout cède à leur empire, dans les airs, sur la terre, sur les eaux. L'un d'eux conduit Adonis aux pieds de Vénus endormie. En vain le chien, fidelle compagnon du jeune chasseur, veut l'entraîner vers les forêts ; il ne peut quitter tant de charmes. Les Amours, placés près du lit de leur mère, semblent par leurs signes exiger de lui le silence et le secret.

ALLORI (Cristoforo), né en 1577, mort en 1621. *Ecole florentine.*

781. — Judith, suivie de sa servante, porte à Béthulie la tête d'Holopherne. On assure qu'Allori, épris des charmes de la *Mazzafirra*, dont il désespérait de contenter les caprices, laissa croître sa barbe, se peignit en Holopherne, donna les traits de *Mazzafirra* à Judith, et ceux de la mère de sa maîtresse à la suivante.

782. — Saint Julien, surnommé *le Bon Hospitalier*, s'était réfugié sur les bords d'un fleuve dangereux à traverser, pour faire pénitence d'un parricide involontaire. Là il transportait les passagers d'un bord à l'autre, et distribuait des secours aux ndigens.

ANDRÉ DEL SARTO (Andrea Vannucchi), né en 1488, mort en 1530. *Ecole florentine.*

783. — Portrait d'André, dans sa jeunesse,

eint par lui-même. Il passe ses mains dans sa ceinture.

784. — Différens traits de la vie de Joseph réunis dans la même composition. Joseph raconte à ses parens les visions qu'il a eues. Il est envoyé par Jacob et Rachel vers ses frères dans le désert. Ceux-ci le descendent dans la citerne, puis le vendent à des Madianites. Sur la montagne, Juda égorge un chevreau pour tremper la robe de Joseph dans le sang. Enfin, Jacob témoigne sa douleur, à la vue des vêtemens ensanglantés de son fils chéri.

785. — Ce tableau représente Joseph après son arrivée en Egypte, son emprisonnement, son introduction à la cour de Pharaon, dont il explique les songes; charmé de sa haute sagesse, il le comble d'honneurs, et lui confie l'administration de son empire.

786. — *La Charité.* Ce tableau était peint sur bois, et c'est l'un des premiers qui aient été remis sur toile en France. Il a été exposé pour la première fois au public, en 1750, dans la galerie du Luxembourg, où l'on conserva long-tems les planches qui lui avaient servi de fond.

787. — La Vierge et l'enfant Jésus accompagnés par deux anges, reçoivent Sainte Elisabeth et Saint Jean. Celui-ci semble annoncer déjà que Jésus est l'agneau du Seigneur.

788. — Jésus prêt à être enseveli, est pleuré par sa mère, Saint Jean, la Madeleine, Saint Pierre, Saint Paul et Sainte Catherine d'Alexandrie. On voit sur le devant du tableau un calice, symbole du sacrement de l'Eucharistie que le Christ institua avant sa mort.

789. — Jésus déposé de la croix. Ce tableau, dont la composition est souvent donnée à *Raphaël*, passe, aux yeux de quelques personnes, pour avoir été exécuté par *Andrea Squazzella*, élève d'*Andrea del Sarto*.

ANGELI (Filippo d'), dit *Philippe Napolitain*, mort jeune, sous le pontificat d'Urbain VIII.

790. — Le satyre et le passant, tableau attribué, par quelques personnes, à *Sébastien Ricci*. (voyez la Fable, VIII de La Fontaine, au 5.ᵉ livre).

ANSELMI (Michel Angelo, né en 1491, mort en 1554. *Ecole de Sienne.*

791. — La Vierge, l'enfant Jésus, Saint Joseph et Sainte Barbe. La tour tenue par l'ange, est l'image de la prison où la sainte martyre fut renfermée.

792. — La Vierge et l'enfant Jésus adorés par les anges. Sur le devant du tableau, Saint Jean-Baptiste et Saint Etienne, 1.ᵉʳ martyr.

793. — Trois anges, nombre mystérieux, soutiennent les nuages qui portent la Vierge resplendissante de gloire. Elle tient sur ses genoux l'enfant Jésus qui envoie à Saint Sébastien la palme due à sa persévérance dans la foi. A gauche Saint Roch paraît attendre la récompense que l'ange du Seigneur sollicite en sa faveur. Quelques personnes attribuent ce tableau à *Raffaello Motta*, dit encore *Raffaellino da Reggio*, né en 1550, mort en 1578.

ITALIENNES. 91

BADALOCCHIO (Sisto Rosa, ou), était jeune en 1609. Il a suivi l'école de Bologne.

794. — La Vierge et l'enfant Jésus sur un trône élevé, reçoivent les hommages de Saint Georges et de Saint Benoît.

795. — Saint François d'Assise reçoit les stigmates sur le mont *della Vernia*.

BANDINELLI (Baccio), sculpteur, né en 1487, mort en 1559. *Ecole florentine*

796. — Son portrait peint par lui-même. Il est coiffé d'une toque, a la main droite sur une tête de marbre, et le bras gauche sur une plinthe de pierre. Quelques personnes pensent que ce portrait, dû à un peintre Florentin, est celui du sculpteur *Baccio da monte Lupo*, qui vivait en 1533.

BAROCHE (Federigo Barocci, dit le), né à Urbin en 1528, mort en 1612. *Ecole romaine*.

797. — L'Annonciation. Le peintre a représenté sur le devant une chatte endormie, et dans le fond le château d'Urbin, sa patrie.

798. — La Visitation de la Vierge.

799. — La Vierge, assise sur des nuages, soutient l'enfant Jésus qui présente à Sainte Lucie la palme du martyre, dont l'ange, placé derrière la sainte, fait connaître l'atrocité. A gauche est Saint Antoine, abbé, méditant sur l'Ecriture Sainte.

800. — Le corps de Jésus, à demi-détaché de la croix, est présenté à Saint Jean par deux

disciples ; un troisième tient la couronne d'épines et des tenailles ; Nicodème se hâte de détacher la main droite du Sauveur, restée clouée à la croix. Derrière la Vierge qui est évanouie dans les bras des Saintes Femmes, le peintre a placé Saint Bernardin de Sienne.

801. — Sainte Micheline de Pesaro, religieuse du tiers-ordre de Saint François d'Assise, à genoux sur le mont Calvaire. Dans le fond on aperçoit la ville de Jérusalem.

BASSANO (Francesco da Ponte, dit le), mort en 1591, à l'âge de 43 ans. *Ecole vénitienne.*

802. — Jésus entre dans la maison de Marthe et de Marie. Ce tableau est signé par le Maître.

BASSANO (Jacopo da Ponte, dit le) né en 1510, mort en 1592. *Ecole vénitienne.*

803. — Portrait de Jean de Bologne, célèbre scuplteur, né à Douai en 1524, mort en 1608.

804. — Le frappement du rocher ; Moïse et Aaron sont sur le troisième plan.

805. — Les noces de Cana.

806. — La Vierge à genoux auprès de l'enfant Jésus couché dans la crèche, lève le lange qui le couvre, pour l'offrir à l'adoration des bergers.

807. — Jésus succombe sous le poids de la croix.

808. — Joseph d'Arimathie et les Saintes Femmes pleurent Jésus prêt à être enseveli.

809. — Répétition du même sujet. Tableau de plus petite proportion.

810. — La Madeleine parfume les pieds du Christ porté au tombeau.

811. — La Vierge évanouie à la vue de son fils mort, secourue par les Saintes Femmes.

812. — Les travaux de la campagne pendant la moisson.

BASSANO (Leandro da Ponte, dit *le Chevalier Léandre*), né en 1558, mort en 1623. *Ecole vénitienne.*

813. — Les Juifs surpris de voir Lazare ressuscité, le dépouillent de son linceul ; Marthe et Marie paraissent encore douter du miracle.

BELLINO (Giovanni Bellini, dit *Jean*), mort à 90 ans, vers 1516. *Ecole vénitienne.*

814. — Portraits de Jean et de Gentil Bellin, peints par le premier. Tous deux sont coiffés d'une toque. Les cheveux de Jean sont noirs, ceux de Gentil sont roux.

815. — La Vierge et l'enfant Jésus accompagnés de l'apôtre Saint Pierre, de Sainte Catherine d'Alexandrie, de Sainte Agathe, de Saint Jérôme ; un ange assis sur une marche du trône, joue du violon. Ce tableau a été exécuté en 1505.

BISCAINO (Bartolommeo), mort jeune en 1657. *Ecole génoise.*

816. — L'adoration des bergers. Tableau donné par quelques personnes à *Valerio Castelli*, qui est de la même école.

BOLOGNÈSE (Gio-Francesco Grimaldi, dit le) né en 1606, mort en 1680.

817. — Paysage. Sur le devant du tableau trois femmes à demi-nues sortent du bain.

818. — Paysage orné de figures. Auprès d quelques arbres, sur le bord d'une rivière, deux femmes et un homme sortis d'une barque.

BONACCORSI (Pierino ou Perino de' Ceri, di Perin del Vaga), né en 1500, mort en 1547 *Ecole romaine.*

819. — Le défi des Piérides accepté par les Muses, en présence des Divinités champêtres, de Minerve et d'Apollon.

BONIFAZIO, mort en 1553, à 62 ans. *Ecole vénitienne.*

820. — Lazare ressuscité en présence des disciples, de Marthe et de Marie. Plusieurs Juifs, par leur geste, prouvent combien ils ont peu de confiance dans la puissance de Jésus.

BORDONE (Pâris), né en 1500, mort en 1570. *Ecole vénitienne.*

821. — Portrait d'un homme âgé de 27 ans, peint en l'année 1540. Il porte la barbe; il est vêtu d'une robe fourrée. Sa main gauche est posée sur une table; la droite tient une lettre.

822. — Portrait de femme vêtue de rouge et vue jusqu'aux genoux; elle passe pour la nourrice d'un prince de la maison de Médicis.

823. — L'anneau de Saint Marc. Des historiens racontent qu'en 1339, sous le gouvernement du doge *Barthélemi Gradenigo,* un pêcheur

présenta au sénat un anneau qu'il assurait avoir reçu de Saint Marc, pour rendre témoignage du miracle qu'il lui avait vu opérer conjointement avec Saint Georges et Saint Nicolas. Par leur puissante intercession, un vaisseau rempli de démons avait été submergé, et la ville de Venise préservée de l'inondation. Le sénat reconnaissant accorda au messager des saints protecteurs de la république, un traitement qui le mit en état de subsister sans le secours de ses filets.

BRAMANTINO (Bartolommeo, dit le), vivait en 1529. *Ecole milanaise.*

824. — Jésus porté au sépulcre. Parmi les disciples et les Saintes Femmes, le peintre a introduit Saint Antoine, abbé, et Saint Jérôme qui se meurtrit la poitrine à coups de pierre.

BRUSA SORCI (Felice Riccio, dit il), mort en 1605, à l'âge de 65 ans.

825. — La Vierge et Saint Joseph reçoivent les hommages de Sainte Ursule, qui présente à l'enfant Jésus une colombe, symbole de sa tendresse.

CALABRESE (Mattia Preti, dit le), né en 1613, mort en 1699. *Ecole napolitaine.*

826. — Saint Paul, hermite, et Saint Antoine, abbé, reçoivent, pour nourriture, dans le désert, un pain qui leur est apporté par un corbeau.

827. — Martyre de l'apôtre Saint André, à Patras, en Achaïe.

CAMPI (Bernardino), né en 1522, vivait en 1584. *Ecole de Crémone.*

828. — La Vierge pleure la mort de son fils étendu à ses pieds.

CANALETTO (Antonio Canal, dit il), mort 1768, à 71 ans. *Ecole vénitienne.*

829. — Vue de l'église de Saint Zacharie, à Venise. Les doges, accompagnés des ambassadeurs étrangers et des sénateurs de la république, avaient coutume de visiter cette église le jour de Pâques.

830. — Vue de la place Saint-Marc, le jour de la Fête-Dieu. Le peintre a représenté la procession à laquelle assistaient autrefois le doge, le patriarche, le clergé séculier et régulier, et les six compagnies dites à Venise, *le Scuole Grandi.*

831. — Vue de l'intérieur du palais ducal, à Venise; cérémonial qui s'y observait lors du couronnement du doge.

832. — Vue de l'église et d'une portion de la place Saint-Marc.

833. — Vue de la place Saint-Marc, à Venise.

834. — Vue du palais ducal, à Venise, du côté de la mer.

CAPUCINO (Bernardo Strozzi, dit il Prete Genovese, ou il), né en 1581, mort en 1644. *Ecole génoise.*

835. — Saint Antoine de Padoue tient dans ses bras l'enfant Jésus qui le caresse.

836. — Un bourreau apporte à la fille d'Hérodiade la tête de Saint Jean-Baptiste.

CARAVAGE (Michel-Angiolo Amérighi ou Morigi, dit le), né à Caravaggio, près Milan, en 1569, mort en 1609.

837. — Adolphe de Vignacourt, armé, suivi

l'un page qui porte son casque. Il fut créé grand Maître de Malte en 1601, et gouverna cet ordre pendant 21 ans.

838. — Le corps du Christ porté au tombeau par Saint Jean et Nicodème, accompagnés des trois Maries.

839. — La Vierge, après sa mort, étendue sur le lit funèbre, excite les regrets des apôtres. Une jeune femme, assise près du chevet, est absorbée dans sa douleur.

840. — A la chûte du jour, des musiciens forment un concert en l'honneur de la Vierge. Ce tableau est attribué à l'un des élèves du *Carrache*.

CARRACHE (Antoine, fils naturel d'Augustin), mort en 1618, âgé de 35 ans. *Ecole de Bologne.*

841. — Le Déluge. Des hommes, des enfans, des femmes placés sur différens plans, expriment par leurs actions la crainte qui les agite. Ils regardent la terre avec effroi, lèvent les bras vers le ciel, grimpent sur les arbres, gravissent contre les rochers, gagnent l'extrémité d'un bateau presque englouti, et saisissent un cheval qui bientôt va être submergé avec eux.

LES QUATRE ÉLÉMENS, *par les Carrache.*

842. — L'Air désigné par Annibal, sous le symbole de Vénus tenant la pomme d'or, prix adjugé à la beauté. Auprès d'elle est l'Amour, et à ses pieds ses oiseaux favoris.

843. — Le Feu désigné par Augustin, sous le symbole de Pluton; la tête du Dieu est ceinte

d'une couronne de fer ; il est assis sur un nuage de fumée, s'appuie sur Cerbère, tient le sceptre et la clef des *portes de la vie.*

844. — L'Eau représentée par Louis, sous le symbole de Galathée guidant les dauphins attelés à la conque qui lui sert de char.

845. — La Terre représentée par le même, sous les traits de Flore. Elle tient de la main gauche une couronne de laurier, et de la droite les ailes de Zéphir couronné de fleurs.

CARRACHE (Annibal), né en 1560, mor en 1609. *Ecole bolonaise.*

846. — Portrait d'un savant dont la tête est nue et la barbe terminée en pointe ; de la main droite il tient un écrit ; la gauche est appuyée sur une tête de mort.

847. — Joab perce Absalon fuyant dans la forêt d'Ephraïm après la défaite de ses troupes par celles du roi David son père.

848. — Un ange arrête le bras d'Abraham prêt à immoler son fils.

849. — Le Père Eternel, du sein de sa gloire préside à la naissance de la Vierge. Elle est entre les mains des femmes qui lui donnent les premiers soins ; dans le fond on aperçoit Sainte Anne au lit, et Saint Joachim à travers les carreaux d'une fenêtre.

850. — La Salutation angélique.

851. — L'Annonciation ; sujet traité en deux tableaux sous le même n.°

852. — La nativité de Jésus. Effet de nuit. Les

anges célèbrent la naissance du Messie. Saint Joseph introduit les bergers dans la crèche, et la Vierge l'offre à leur adoration. La splendeur qui émane de Jésus, éclaire l'étable qui lui sert d'asile.

853. — La nativité de Jésus. Effet de jour. La hiérarchie céleste célèbre la naissance de Jésus et s'unit aux bergers et à Saint Joseph pour l'adorer.

854. — La Vierge défend à Saint Jean de troubler le repos de Jésus. *C. du M. N.*

855. — Saint Jean et deux anges s'empressent de secourir la Vierge, évanouie à la vue de son fils mort et au moment d'être enseveli. La Madeleine, Saint François d'Assise et Sainte Claire fondent en larmes; les anges portent dans les airs le signe de la rédemption des Chrétiens.

856. — Jésus mort pleuré par les trois Maries, Nicodème et Saint Jean.

857. — Saint François d'Assise, la Vierge, la Madeleine et deux anges pleurent Jésus descendu de la croix.

858. — Jésus ressuscité s'élève vers le ciel, environné de la milice céleste. Les gardes mis autour du sépulcre sont saisis d'épouvante; l'un d'eux, couché sur la pierre qui en couvre l'entrée, est encore livré au sommeil; dans le lointain, un soldat paraît indiquer au personnage qu'il accompagne, que les scellés sont demeurés intacts.

859. — Le même sujet, avec quelques changemens.

860. — La Vierge monte au ciel environnée de la hiérarchie céleste; les apôtres témoignent leur étonnement autour de son tombeau.

861. — Saint Jean-Baptiste prêchant dans le désert.

862. — Martyre de Saint Etienne. *C. du M. N.*

863. — Le même sujet traité différemment. Dans les deux compositions Saul garde les habits, et encourage les Juifs à lapider le Saint. *C. du M. N.*

864. — Apparition de la Vierge, de l'enfant Jésus, des quatre évangélistes, à Saint Luc, peintre, et à Sainte Catherine d'Alexandrie.

865. — Herminie, princesse d'Antioche, après s'être égarée dans un bois pour échapper à une garde avancée du camp des Chrétiens, trouve un vieux berger, près des rives du Jourdain. *Jérusalem délivrée, chant VII.*

866. — Paysage de *Paul Bril*, dans lequel le Carrache a peint la fable de Calisto.

867. — Hercule placé entre le Vice et la Vertu. Sujet que le *Carrache* a traité plus en grand, dans le palais Farnèse, à Rome.

868. — Hercule, encore enfant, étouffe les serpens envoyés par Junon.

869. — Le concert sur l'eau.

870. — Les plaisirs de la pêche.

871. — Les plaisirs de la chasse.

872. — Un hermite expose plusieurs *ex-voto* au-dessous de l'image de Saint Antoine, anachorète, pour animer la charité des passans.

CARRACHE (Augustin), né en 1558, mort en 1602. *Ecole de Bologne.*

873. — La Vierge donne le sein à l'enfant Jésus, en présence du jeune Saint Jean, de Sainte Marguerite, de Saint Augustin, et de Sainte Cécile.

874. — Saint Jérôme sentant que sa fin approchait, se fait porter dans l'église de Bethléem

Là, entouré de ses disciples, il reçoit le viatique selon le rit romain; l'un des religieux écrit ses dernières paroles. Le peintre a voulu indiquer par le spectateur dont la tête est couverte d'un turban, que la scène se passe en Orient.

CARRACHE (Louis), né en 1555, mort en 1619.
Ecole de Bologne.

875. — La Salutation angélique.

875 *bis.* — La Nativité de Jésus. Des anges répandent des fleurs sur le nouveau né, la Vierge le contemple, et Saint Joseph, pour l'exposer à l'adoration des bergers, soulève le voile qui le couvre.

876. — La Vierge tient de la main gauche l'enfant Jésus, et de la droite un livre. *C. du M. N.*

877. — Jésus, servi par les anges, est baptisé dans les eaux du Jourdain, par Saint Jean.

878. — Jésus vit un homme assis au bureau des impôts, nommé Mathieu, auquel il dit : *Suivez-moi.* Lui aussitôt se leva et le suivit.

879. — La Vierge et l'enfant Jésus apparaissent à Saint Hyacinthe, religieux de l'ordre Saint-Dominique.

880. — La Vierge, Jésus et Saint Joseph, sont invoqués par Saint François en faveur d'un donateur et de sa femme, dont on ne voit que les bustes au bas du tableau.

CASTIGLIONE (Gio Benedetto), dit aussi IL GRECHETTO, né en 1616, mort en 1670. *Ecole génoise.*

881. — Les vendeurs chassés du temple.

882. — Melchisedech, roi de Salem, offre du pain et du vin à Abraham.

Castiglione se plaisait à introduire des sujets connus de l'Histoire sainte et profane dans les fonds des tableaux d'animaux qui lui étaient demandés, afin qu'on pût les désigner plus aisément.

CAVEDONE (Jacopo), né en 1577, mort en 1660. *Ecole de Bologne.*

883. — La Vierge et l'enfant Jésus, portés sur des nuages, apparaissent à Saint Eloi et à Saint Pétrone. Le second évêque est accompagné de trois clercs qui portent l'Ecriture Sainte, le bâton pastoral et la mitre. Tableau exécuté en 1614.

884. — Sainte Cécile chante les louanges du Seigneur.

CIGNANI (Carlo), né en 1628, mort en 1719. *Ecole de Bologne.*

885. — Eve, tentée par le serpent, présente au premier homme du fruit défendu.

CIGOLI (Lodovico Cardi, dit le), né en 1559, mort en 1613. *Ecole Florentine.*

886. — Un ange guide la Sainte Famille sur la route de l'Egypte.

887. — Pilate montre au peuple, Jésus qu'un bourreau tient enchaîné. Dans le fond on aperçoit trois soldats et les aigles romaines.

CIMA (Gio Batista dit il Conegliano), vivait en 1517. *Ecole vénitienne.*

888. — La Vierge et son fils reçoivent les hommages de Saint Jean-Baptiste, de Saint Come,

de Saint Damien, de Sainte Apolline, de Sainte Catherine d'Alexandrie, et de l'apôtre Saint Paul. Un ange prêt à jouer du violon, est assis au pied du trône.

COMPAGNO (Scipione), né vers l'an 1624, vivait encore en 1680. *Ecole napolitaine.*

889. — Martyre de Saint Janvier, évêque de Bénévent, et de cinq autres chrétiens. La scène est entre Pouzzoles et la Solfatara.

890 — Vue d'une éruption du Vésuve, prise du pont de la Madeleine.

CONTARINO (Giovanni), né en 1549, mort en 1605. *Ecole vénitienne.*

891. — La Vierge, assise sur un trône élevé, tient sur ses genoux l'enfant Jésus qui accueille les prières du doge *Marino Grimani*. Près d'elle est Sainte Marine en habit de moine, tenant par la main le jeune enfant dont on l'accusait d'être le père. Deux anges jouent du luth; Saint Sébastien est percé de flèches, Saint Marc présente le doge à l'enfant Jésus. *Marino Grimani* a été à la tête du gouvernement de Venise, depuis l'année 1591 jusqu'en l'an 1606.

CORREGGE (Antonio Allegri ou Lieto, dit le), né dans le Modénois en 1494, mort en 1534.

892. — Le repos en Egypte. Ce tableau est connu sous le nom de *la Vierge à l'écuelle*. Les anges s'empressent de servir la Sainte Famille. L'un courbe les branches du palmier dont Saint Joseph présente les fruits à Jésus; le second remplit d'eau la tasse que la Vierge tient; le troisième attache l'âne au tronc d'un arbre.

893. — Le Christ couronné d'épines. Il tient un roseau à la main.

894. Le corps de Jésus mort repose sur les genoux de sa mère évanouie. Elle est secourue par Saint Jean et Salomé. La Madeleine fond en larmes, et Joseph d'Arimathie descend de la croix dont il vient de détacher son maître.

895. — Jésus, assis sur les génoux de Marie, donne, en présence de Saint Sébastien, l'anneau nuptial à Sainte Catherine d'Alexandrie. Le fond du tableau offre un paysage où le peintre a représenté le supplice des deux martyrs. *C. du M. N.*

896. — Tête de Saint Jean-Baptiste enfant.

897. — Tableau connu sous le nom du Saint Jérôme du Corrège. Il représente la Vierge assise, ayant son fils sur ses genoux. D'un côté la Madeleine, la tête penchée vers l'enfant, le caresse avec amour, et lui baise le pied. On la reconnaît à la tendresse qui l'anime, et au vase de parfum qu'un ange, placé derrière elle, semble respirer. De l'autre côté, Saint Jérôme debout, suivi d'un lion, remet une partie de ses écrits à un ange qui les présente à Jésus.

898. — Placide, fils de Tertulle sénateur romain, mis, à l'âge de 17 ans, sous la discipline de Saint Benoît, devint chef d'un congrégation à Messine en Sicile. Il y fut martyrisé avec sa sœur Flavie et 33 religieux, vers l'an 542, dans une invasion qu'y firent les Sarrasins.

899. — Antiope. A ses pieds, l'Amour sommeille sur une peau de Lion, symbole de la puissance de ce Dieu. Jupiter, transformé en

satyre, soulève la draperie qui couvre la nymphe, et la contemple amoureusement.

900. — Jupiter et Léda.

ÉCOLE DU CORRÉGE.

901. — En présence de Saint Joseph, de la Vierge et de saint Dominique, Saint François d'Assise présente à Jésus les roses rouges et blanches produites en Janvier, par les épines sur lesquelles il s'était roulé pour résister aux tentations de l'esprit malin.

CRESPI (dit lo Spagnuolo Giuseppe- Maria), né en 1665, mort en 1747. *Ecole de Bologne.*

902. — La maîtresse d'école. Elle fait lire un jeune garçon, pendant que de jeunes filles étudient, causent ou travaillent.

CRETI (Donato), né en 1671, mort en 1749. *Ecole de Bologne.*

903. — Un jeune enfant, couché sur un lit, tient un fruit que le sommeil n'a pu lu faire abandonner.

DOLCI (Carlino), né en 1616, mort en 1686. *Ecole florentine.*

904. — Saint Jean-Baptiste, couché sur un tapis, dort profondément. A ses côtés, Sainte Elisabeth rend grâces au ciel d'être devenue mère, et Zacharie médite sur l'Ecriture Sainte.

DOMINIQUIN (Domenico Zampieri, dit le), né en 1581, mort en 1641. *Ecole bolonaise*

905. — Dieu reproche à nos premiers paren leur désobéissance.

5*

906. — Le Prophète-Roi pince de la harpe, porte ses regards vers le ciel, et chante les merveilles retracées dans l'Ecriture Sainte qu'un ange lui présente. *C. du M. N.*

907. — Paysage où le peintre a représenté la fuite de la Sainte Famille en Egypte. On y voit encore une barque, des musiciens, des pêcheurs, et un berger avec son troupeau.

908. — La Vierge, assise près d'une source, puise de l'eau dans une coquille pour désaltérer Jésus qui donne une pomme à Saint Jean. Près de là, Saint Joseph décharge l'âne.

909. — Saint Antoine de Padoue, reçoit avec respect les caresses de l'enfant Jésus, que la Vierge lui a confié.

910. — Sainte Cécile chante les louanges du Seigneur. *C. du M. N.*

911. — Le ravissement de Saint Paul.

912. — Saint Jérôme, exténué par l'âge et les macérations, s'est fait porter dans l'église de Bethléem. Soutenu au pied de l'autel par ses disciples, il ramasse le peu de force qui lui reste pour recevoir le viatique selon le rit grec. La femme qui baise respectueusement la main du mourant, est l'une des vierges que Sainte Paule avait réunies en communauté sous la discipline de Saint Jérôme, qui mourut l'an 420. Voyez le n.° 874.

913. — Sainte Agnès, âgée de 13 ans, martyrisée sous le règne de l'Empereur Dioclétien. Les femmes chrétiennes sont étonnées de son courage ; les Anges et les Saints célèbrent sa victoire ; Jésus lui envoie la palme du martyre. Les corps morts, placés sur le devant du ta-

bleau, sont ceux des bourreaux qui, au rapport des légendaires, furent les victimes de la vengeance divine, pour avoir tenté de mettre le feu au bûcher qu'Astasius avait destiné à brûler Sainte Agnès vivante. *C. du M. N.*

914. — Institution du Rosaire. La Vierge apparaît à Saint Dominique, et fixe le nombre des prières du Rosaire, jusqu'alors indéterminé. Le but de cette institution est d'honorer les 15 mystères joyeux, douloureux et glorieux de Notre-Dame; les symboles en sont tracés dans la partie supérieure du tableau. Ils sont portés par des anges divisés en trois groupes chargés chacun de cinq emblèmes. Les roses éparses dans les airs, indiquent les avantages réservés aux fidelles observateurs de cette coutume pieuse. Le pape qui intercède la Vierge, est Léon IV. Au rapport des légendaires, il parvint, en distribuant des chapelets à ses soldats, à expulser, en 854, les Sarrasins de Rome et de l'Italie, où ils commettaient des dégats effroyables. *C. du M. N.*

915. — Enée, accompagné de son fils Ascagne, emporte sur ses épaules son père Anchise; Créüse présente à Anchise leurs dieux Pénates. *C. du M. N.*

916. — Quatre jeunes gens vont exécuter un concert; l'un d'eux accorde son instrument; le plus âgé enseigne à son voisin ce qu'il doit faire, et le plus jeune semble, par son geste, inviter les spectateurs au silence. Ce tableau est attribué, par quelques personnes, à *Leonello Spada*. *C. du M. N.*

917. — Le triomphe de l'Amour. Les fleurs dont

cette composition est entourée, sont de *Daniel Seghers*, dit *le Jésuite d'Anvers*.

918. — Armide, occupée à boucler ses cheveux, offre ses charmes à Renaud. Aux pieds du guerrier un Amour est endormi; son flambeau prêt à s'éteindre, annonce la fin de l'enchantement. Ubalde et le chevalier danois, contemplent Renaud à travers le feuillage; ils attendent l'instant favorable pour lui dessiller les yeux.

919. — Pendant le pillage de la ville de Thèbes en Béotie, des soldats traciens amenèrent Timoclée devant Alexandre. Elle avait apidé leur capitaine, qui non content de l'avoir outragée, était imprudemment descendu dans un puits, trompé par l'espoir d'y trouver des trésors. Alexandre étonné de la contenance et du courage de cette dame, ordonne de la remettre en liberté avec ses enfans.

920. — En vain Cacus, pour cacher ses rapines, a fait entrer à reculons dans sa caverne les bœufs d'Hercule. Ce demi-Dieu l'a déjà atteint, et il l'entraîne par le pied hors de son repaire. Evandre et Faunus, en volant au secours du fils de Jupiter, sont les témoins de son triomphe.

921. — En présence d'OEnée, roi de Calydon et père de Déjanire, Hercule a terrassé Acheloüs, qui, pour se dérober à la fureur de son rival, s'est métamorphosé en taureau.

DOSSI (Dosso), mort en 1560. J.-B. Dossi, son frère, bon paysagiste, travaillait souvent avec lui; mort vers 1545. *Ecole de Ferrare.*

922. — La Nativité. La Vierge et Saint Joseph

contemplent Jésus; les Mages se présentent pour l'adorer, et dans le lointain les anges annoncent sa naissance aux bergers.

923. — La Circoncision. Jésus dans les bras de Sainte Anne, est effrayé à la vue du couteau que tient le grand prêtre.

924. — La Vierge, l'enfant Jésus, Saint Joseph, deux anges et Saint Joachim. L'enfant Jésus couché à terre sur une draperie, paraît désirer la croix que Sainte Elisabeth ôte des mains de son fils pour la lui donner.

ÉCOLE FERRARAISE.

925. — Saint Joseph considère avec attention l'enfant Jésus qui carresse la Vierge Marie.

ÉCOLE VÉNITIENNE.

926. — Tête d'homme de moyen âge et portant barbe.

927. — Portrait d'homme. Il tient une lettre à la main.

928. — Portrait d'une femme tenant des gants à la main. Les lettres B. C. A., en relief sur le bandeau qui sert à retenir ses cheveux, sont présumées être les initiales de son nom.

EMPOLI (Jacopo Chimenti da), né en 1554, mort en 1640. *Ecole florentine.*

929. — La chaste Suzanne accompagnée de ses suivantes; dans le fond on aperçoit les vieillards. Tableau exécuté en 1600.

ESPAGNOLET (Giuseppe Ribera, dit l'), né en 1593. On ignore le nom de cet artiste. *Ribera* (en français *rivage*) désigne seulement le lieu où il naquit. *Ecole espagnole.*

930. — L'adoration des bergers.

931. — La mère de douleur.

FASSOLO (Bernardino), de Pavie, florissait vers l'an 1518.

932. — La Vierge assise avec l'enfant Jésus sur ses genoux.

FERRARI (Gaudenzio), né en 1484, mort en 1550. *Ecole milanaise.*

933. — Saint Paul en méditation. A travers la croisée, on aperçoit un paysage où le peintre a représenté la conversion de l'apôtre. Ce tableau a été peint en 1543.

FETI (Domenico), né en 1589, mort en 1624. *Ecole romaine.*

934. — L'ange gardien.

935. — Le mariage mystique de Sainte Catherine d'Alexandrie, en présence de la Vierge, de Saint Dominique et de Saint Pierre, inquisiteur et martyr.

936. — L'homme condamné au travail, ou la vie champêtre.

937. — La Mélancolie, ou la méditation sur le néant des vanités humaines.

938. — L'empereur Néron.

FRA BARTOLOMEO (Baccio della Porta, dit), né en 1469, mort en 1517. *Ecole florentine.*

939. — L'évangéliste Saint Marc.

940. — Le Sauveur du monde, accompagné des quatre évangélistes. A ses pieds deux enfans soutiennent un cartel sur lequel le peintre a représenté une vue de Florence. Le calice est le symbole du mystère de l'Eucharistie.

941. — La Vierge assise sur son trône et accompagnée de Saint Pierre, de Saint Barthélemy, de Saint Vincent, etc., préside au mariage mystique de Sainte Catherine de Sienne avec l'enfant Jésus. Près de la Vierge, Saint François et Saint Dominique, s'embrassent en témoignage de l'affection qui les unit.

942. — La Salutation angélique. Saint Jean-Baptiste, Saint Paul, Sainte Marguerite, la Madeleine, Saint François d'Assise et Saint Jérôme.

943. — La Vierge assise sur un trône, tient sur ses genoux l'enfant Jésus qui donne sa bénédiction à Saint Dominique, à la Madeleine, à Sainte Catherine de Sienne, à Sainte Cécile et à Saint Pierre, inquisiteur et martyr. Tableau peint en 1510.

FRANCIA (Francesco Raibolini, ou), mort en 1535. *Ecole Bolonaise.*

944. — Joseph d'Arimathie, Saint Jean et les trois Maries, pleurent Jésus descendu de la croix et posé sur les genoux de sa mère.

GAROFOLO (Benvenuto Tisio, dit le), né en 1481, mort en 1559. *Ecole ferraraise.*

945. — Portrait du Garofolo. Il tient de la main

droite un œillet (en italien *garofano*) marque qu'il introduisait fréquemment dans ses tableaux pour désigner le lieu de sa naissance.

946. — Autre portrait du peintre, mais plus âgé : il tient un œillet et un chapelet.

947. — Sujet mystique. La Vierge Marie adore son fils livré au sommeil ; un ange lui offre le suaire et la couronne d'épines. Portée sur des nuages, la hiérarchie céleste présente aux spectateurs les instrumens de la passion.

948. — Sainte Elisabeth et le jeune Saint Jean amènent un agneau. Saint Joseph, à genoux, le présente à l'enfant Jésus et à la vierge Marie.

949. — Jésus sur les genoux de sa mère, joue avec un petit singe : Saint Joseph est auprès de la Vierge. Ce tableau est donné, par quelques personnes, à *Lodovico Mazzolini*, peintre de l'école de Ferrare. Il mourut vers l'an 1530, âgé de 49 ans.

950. — Saint Joseph prend les mains de Jésus assis sur les genoux de sa mère ; Sainte Elisabeth et le jeune Saint Jean lui font hommage d'un agneau.

951. — La Vierge, Saint Joseph, Sainte Catherine d'Alexandrie, l'enfant Jésus.

952. — Jésus confond les docteurs dans le temple, à l'âge de 12 ans. Placés vers la gauche du tableau, Saint Joseph et Marie sont saisis d'admiration.

953. — La Vierge assise sur un trône élevé, prête attention au concert des anges, et regarde avec complaisance son fils appuyé contre ses genoux. Saint Jean-Baptiste est au pied du

rône ; vers le milieu du tableau Saint Contard, de la maison d'Est, revêtu de l'habit de pèlerin, lève les yeux au ciel après avoir déposé a couronne ducale; sur le côté, Sainte Lucie porte dans un bassin les yeux qui lui furent arrachés sous le règne de l'Empereur Dioclétien.

GASPRE POUSSIN (Gasparo Dughet, dit), né en 1615, mort en 1675. Placé dans l'École romaine, quoique français d'origine.

954. — Paysage et chasseur, suivis de deux lévriers.

955. — Des villageois se reposent ; plus loin les bergers conduisent leurs troupeaux sur les bords d'un torrent.

956. — Deux autres paysages sous le même .° L'un, offre un site agreste et sauvage ; l'autre, une cascade : tous deux sont ornés de figures.

GENNARI (Cesare), né en 1641, mort en 1688.
École de Bologne.

957. — Le mariage de la Vierge.

958. — La Vierge allaite l'enfant Jésus.

959. — La Madeleine pleure dans le désert ses désordres passés; elle en demande, avec ferveur, le pardon qu'un ange semble lui annoncer.

GENTILESCHI (Orazio Lomi, ou), né en 1565, mort en 1646. *École de Pise.*

960. — L'Annonciation.

961. — La Vierge donne le sein à l'enfant Jésus, Saint Joseph est livré au sommeil.

GIORDANO (Luca), né en 1632, mort en 1705
Ecole napolitaine.

962. — Mars, et Vénus servie par les Grâces et les Amours. Dans le lointain on aperçoit Vulcain à sa forge.

GIORGION (Giorgio Barbarelli, dit le), mort en 1511, à l'âge de 34 ans. *Ecole vénitienne.*

963. — Adam et Eve.

964. — *Ex voto.* Jésus assis sur les genoux de sa mère, accompagné de Saint Joseph, de Sainte Catherine et de Saint Sébastien, écoute avec bonté les prières d'un homme dont on ne voit que le buste, et qui est présumé le donateur du tableau.

965. — Près d'un jeune homme coiffé d'une toque noire surmontée d'un panache blanc, un religieux bénédictin touche du clavecin, et se tourne vers un chanoine régulier qui tient un violoncelle.

966. — Un maître à chanter fait répéter, en présence du père, la leçon de musique à un jeune homme. Les têtes de ce tableau, attribué par quelques personnes à *Lorenzo Lotto*, paraissent autant de portraits.

967. — Concert champêtre. Une femme nue tient une flûte : elle est accompagnée de deux hommes habillés selon la mode du tems ; l'un joue de la guitare, l'autre est simple spectateur. A la droite du tableau, une femme, la main appuyée sur le bord d'un réservoir en pierre, verse l'eau contenue dans un vase de cristal.

GOBBO DE' CARRACCI (Pietro Paolo Bonzi dit le), mort vers 1635, âgé de 60 ans. *Ecole bolonaise.*

968. — Latone métamorphose en grenouilles

les paysans qui troublaient l'eau d'un ruisseau. Elle s'était arrêtée pour se désaltérer, et pour dérober aux persécutions de Junon ses deux enfans, Diane et Apollon.

GUERCHIN (Gio. Francesco Barbieri, dit le), né en 1590, mort en 1666. *Ecole bolonaise.*

969. — L'enfant Jésus debout et tenu par sa mère, donne la bénédiction au spectateur.

970. — Lazare est résuscité en présence de Marthe, de Marie et des disciples. Par ordre du Christ, les liens de son linceul lui sont ôtés.

971. — Jésus remet à Saint Pierre les clefs du ciel.

972. — Le Christ apparaît à la Vierge. Elle tombe à ses genoux et porte sa main dans la plaie pour s'assurer de la réalité de sa présence.

973. — Jésus, pour confondre l'incrédulité de Saint Thomas, lui permet de porter la main dans la plaie de son côté.

974. — Un ange soutient le courage de Saint Pierre, que les bourreaux lient déjà sur la croix, instrument de son supplice.

975. — La Vierge et l'enfant Jésus apparaissent à Saint Bruno dans sa solitude : près de là un de ses disciples est absorbé par la méditation.

976. — Saint Jérôme se réveille au bruit de la trompette du jugement dernier, qu'il croit entendre.

977. — Saint François d'Assise faisait sa prière dans l'église de Notre-Dame des Anges qu'il avait obtenue des bénédictins et dont il se proposait de

faire le chef lieu de son ordre, lorsque la Vierge lui apparut avec son fils, et lui promit sa protection pour cette maison et pour tous les religieux de son institut.

978. — Jésus apparaît à Sainte Thérèse; il lui montre le père éternel et le Saint Esprit au milieu de leur gloire. La trace visible des clous qui l'ont attaché à la croix, indique à la Sainte qu'elle ne peut parvenir à la vie éternelle que par la mortification et les souffrances.

979. — A la droite du spectateur, Saint Bernard, vêtu de blanc, porte un livre et le bâton pastoral; à la gauche, Saint François d'Assise est tombé en extase aux sons mélodieux de la musique céleste.

980. — Saint Pierre et Saint Charles Borromée invoquent la Vierge et l'enfant Jésus pour un homme protégé par l'Ange gardien, et présumé le donateur du tableau.

981. — En présence de la Vierge, de l'enfant Jésus, de Saint Jean-Baptiste, de l'apôtre Saint Pierre, qui apparaissent dans les airs, Saint Guillaume, duc d'Aquitaine, quitte la profession des armes et reçoit l'habit monastique des mains de l'évêque Saint Félix.

982. — Saint Geminien, évêque, Saint Jean-Baptiste, Saint Pierre Dominicain et Saint Georges, invoquent la Vierge et l'enfant Jésus en faveur de la ville de Modène dont ils sont les protecteurs.

983. — Pendant que les Sabins sont aux prises avec les Romains pour venger le rapt de leurs filles, celles-ci viennent à travers les rangs et réconcilient leurs parens avec leurs maris.

984. — La magicienne Circé.

GUIDO (Reni), né en 1575, mort en 1642.
Ecole de Bologne.

985. — David appuyé sur le fût d'une colonne tient de la main droite sa fronde, de la gauche, la tête de Goliath posée sur un piédestal.

986. — La Purification de la Vierge. Elle est à genoux au pied de l'autel et accompagnée de sa famille ; une jeune fille fait l'offrande de deux tourterelles ; sur le devant du tableau un enfant regarde avec envie les deux colombes déposées sur une table.

987. — Le massacre des Innocens.

988. — Le repos de la Sainte Famille ; Jésus tend les bras à sa mère.

989. — La Vierge, Saint Joseph et deux anges, contemplent Jésus couché et livré au sommeil ; près d'eux Sainte Elisabeth caresse Saint Jean-Baptiste, et Zacharie médite sur l'Ecriture sainte.

990. — L'enfant Jésus assis sur les genoux de sa mère, donne la bénédiction à Saint Jean-Baptiste.

991. — Jésus et la Samaritaine.

992. — Des anges dans le jardin des oliviers, présentent à Jésus le calice et la croix ; les apôtres sont endormis, dans le lointain Judas vient accompagné de soldats.

993. — Jésus dit à Saint Pierre, en présence des disciples : *Je vous donnerai les clefs du royaume des cieux.*

994. — La tête du Christ couronné d'épines.

995. — L'enfant Jésus posé sur les genoux de sa mère inspire les écrits de Saint Thomas et de Saint Jérôme.

996. — Saint Jean-Baptiste dans le désert. Demi-figure.

997. — La Madeleine aux pieds de Jésus crucifié.

998. — L'apôtre Saint Pierre attaché à la croix, la tête en bas, selon la demande qu'il en avait faite par humilité.

999. — La Salutation angélique.

1000. — La Madeleine, les yeux tournés vers le ciel et les mains posées sur la poitrine.

1001. — La Madeleine, les cheveux épars sur le sein et les épaules, gémit à la vue d'un crucifix.

1002. — Saint Roch, disent les légendaires, revenant en son pays déchiré par des guerres cruelles, est arrêté sur de faux soupçons et jeté dans un cachot par un de ses parens, gouverneur de Montpellier, qui ne le reconnaissait pas. Au bout de quelques années de détention, l'ange du seigneur lui apporte la couronne céleste méritée par ses vertus, et lui annonce que désormais il sera le patron des pestiférés. Le chien, fidelle compagnon du Saint, est à ses côtés.

1003. — Hercule, par ordre d'Euristhée, tue l'hydre du lac de Lerne. *C. du M. N.*

1004. — Hercule n'ayant pu obtenir Dejanire, fille d'OEnée, roi de Calydon, combat Acheloüs, à qui elle était promise. *C. du M. N.*

1005. — Hercule tue à coup de flèches le centaure Nessus qui, au lieu de transporter Dejanire sur le bord opposé du fleuve Évène, voulait a lui ravir. *C. du M. N.*

1006. — Dejanire délaissée par Hercule, amoureux d'Iole, lui envoya, au moment qu'il sacrifiait sur le Mont Œta, une robe teinte dans le sang de Nessus ; le centaure la lui avait donnée en mourant, comme un préservatif contre les infidélités de son époux. Hercule ayant mis cette robe empoisonnée, sentit un feu dévorant qui le contraignit à se jeter au milieu des flammes, pour mettre fin à ses douleurs. *C. du M. N.*

1007. — La Fortune qui dispose à son gré des couronnes et des palmes de la Victoire, obéit quelquefois à l'Amour. Tableau dit : *La fortune du Guide.*

1008. — Pâris venu en Grèce, sous prétexte de sacrifier à Apollon Daphnéen, parvient à se faire aimer d'Hélène, femme de Ménélas, l'enlève et la conduit à bord de ses vaisseaux.

JEAN DE SAINT JEAN (Giovanni, Mannozzi), né en 1590, mort en 1636.

1009. — Quatre chasseurs ayant vécu plusieurs jours à discrétion chez le curé Arlotto, le quittent sans lui faire part des produits de leur chasse. Voyez le *Facezie del Piovano Arlotto.*

JOSEPIN (Giuseppe Cesari, dit le), mort octogénaire en 1640. École napolitaine.

1010. — Adam et Eve chassés du paradis terrestre.

JULES ROMAIN (Giulio Pippi, dit), mort en 1546, à l'âge de 54 ans. *École romaine.*

1011. — Portrait de Jules, peint par lui-même.

1012. — La Circoncision. Ce tableau est donné, par quelques personnes, à *Bartolommeo Ramenghi*, dit *il Bagna Cavallo*, peintre qui suivit l'école de Raphaël et mourut en 1542. Ces personnes fondent leur opinion sur le portrait de *Bagna Cavallo*, qu'elles reconnaissent dans la tête de l'homme couvert d'une toque et placé à la droite du spectateur, auprès de la bordure du tableau.

1013. — L'adoration des bergers. Le peintre a introduit sur le devant du tableau, Saint Longin et Saint Jean-Baptiste ; et dans le lointain, l'ange annonçant aux pasteurs la venue du messie.

1014. — Saint Joseph, la Vierge, l'enfant Jésus et Saint Jean-Baptiste.

1015. — La Vierge, Jésus et Saint Jean.

1016. — La Vierge, Saint Joseph et Jésus.

1017. — Vulcain fournit des traits à l'Amour et Vénus en remplit son carquois.

1018. — La danse des Muses.

1019. — La Victoire couronne Vespasien et Titus, vainqueurs de la Judée. Les Empereurs sont assis dans le même char tiré par quatre chevaux blancs guidés par deux écuyers. Une femme juive qu'un officier romain tient par les cheveux, le chandelier à sept branches enlevé du temple de Jérusalem, indiquent le sujet du triomphe.

LANFRANC (Giovanni Lanfranco, dit), né en 1581, mort en 1647. *Ecole bolonaise.*

1020. — Saint Augustin et Saint Guillaume invoquent à genoux la Vierge que Jésus-Christ couronne dans le ciel.

1021. — Le Paradis. Le Saint Esprit préside l'assemblée des élus. Jésus est environné des chefs des ordres célestes; Marie représente les Vierges; Saint Jean-Baptiste, les anachorètes; Saint Etienne, martyr, les confesseurs de la foi; Saint Jean l'évangéliste, les Pères de l'église; Saint Augustin, les convertis; et Sainte Monique, les veuves.

1021 *bis*. — La séparation de Saint Pierre et de Saint Paul, pour aller au supplice. *C. du M. N.*

LAURI (Filippo), né en 1623, mort en 1694. *Ecole romaine.*

1022. — Les anges forment un concert pour calmer les douleurs de Saint François d'Assise.

LÉONARD DE VINCI, né en 1452, mort en 1519. *Ecole florentine.*

1023. — Portrait de Charles VIII, roi de France, mort en 1497. Ce tableau exposé autrefois dans la galerie du Luxembourg, était faussement attribué au *Pérugin*.

1024. — Portrait de *Mona Lisa*, célèbre par sa beauté, et femme de *Francesco del Giocondo*, gentilhomme florentin. François Ier acheta ce tableau 4,000 écus d'or, somme dont la valeur surpasserait aujourd'hui celle de 45,000 fr.

1025. — Portrait d'une femme inconnue.

1026. — Saint Jean-Baptiste tient une croix; sa main est élevée vers le ciel.

1027. — La Vierge assise sur les genoux de Sainte Anne, soutient l'enfant Jésus qui caresse un agneau.

1028. — L'enfant Jésus assis et soutenu par un ange, donne sa bénédiction au jeune précurseur que la Vierge présente à son fils.

1029. — L'archange Saint Michel offre respectueusement à l'enfant Jésus la balance qui doit servir à peser les vivans et les morts. La Vierge soutient son fils; elle est accompagnée par Sainte Elisabeth et Saint Jean-Baptiste.

LIGOZZI (Jacopo), né en 1548, mort en 1627.
Peintre de Vérone, qui se fixa à Florence.

1030. — Un ange présente à Jésus, dans le jardin des oliviers, la croix et le calice, symboles de la passion. Ce tableau est donné, par quelques personnes, à *Carlino Dolci*.

LOTTO (Lorenzo), vivait encore en 1554.
Ecole vénitienne.

1031. — La femme adultère amenée devant Jésus.

LUCATELLI (Andrea), vivait à Rome dans le siècle dernier.

1032. — Des pâtres se reposent et laissent errer leurs troupeaux sur les bords d'un ruisseau qui arrose et divise le paysage en deux parties.

LUINI (Bernardino), florissait vers l'an 1530.
Ecole milanaise.

1033. — La Vierge assise sur les genoux de Sainte Anne, tient dans ses bras l'enfant Jésus qui donne sa bénédiction au jeune Saint Jean, placé près de Saint Joseph.

1034. — Le jeune Saint Jean joue avec un agneau.

LUTI (Benedetto), né en 1666, mort en 1724.
Ecole florentine.

1035. — La Madeleine en méditation devant une tête de mort. Demi-figure.

1036. — La Madeleine dans sa grotte, visitée par les anges.

MANTÈGNE (Andrea Mantegna), né en 1430, mort en 1506, fonda l'école de Mantoue.

1037. — La Vierge assise sur un trône, tient sur ses genoux l'enfant Jésus : elle est accompagnée de Saint Michel, de Saint Maurice, de Saint Longin et de Saint André ; près d'elle est Saint Jean, et plus bas Sainte Elisabeth. A gauche le marquis de Mantoue, *Jean François de Gonzague*, qui lui rend grâce du prétendu succès obtenu sur Charles VIII, à la bataille de Fornoue, près des bords du Taro, en 1495.

1038. — La Sagesse chasse les Vices. L'explication de cette allégorie est dans la légende attachée sur la droite du tableau, à un laurier qui rappelle la métamorphose de Daphné. *Agite, pellite sedibus nostris fœda hæc viciorum mostra, virtutum cœlitus ad nos redeun-*

tium divœ comites : Déesses compagnes des Vertus célestes qui reviennent parmi nous, chassez ces monstres dégoûtans, pères des Vices.

Les déesses qui reviennent sur la terre, sont la Justice, la Force et la Tempérance, qu'on aperçoit dans les nues; sur le devant du tableau, les Vices sont représentés allégoriquement.

1039. — Le Parnasse, composition allégorique. Apollon fait danser les Muses au son de sa lyre; Mercure contient Pégase au pied de l'Hélicon; au centre, et sur un rocher percé, à travers lequel on découvre une riche campagne, l'on aperçoit Vénus et Mars; près d'eux est l'Amour qui excite la jalousie de Vulcain, en lui lançant des traits envenimés.

MARATTA (Carlo), né en 1625, mort en 1713. *Ecole romaine.*

1040. — La nativité de Jésus.

1041. — Mariage mystique de Sainte Catherine d'Alexandrie.

1042. — Saint Jean prêche dans le désert.

MAZZOLA (Girolamo), vivait en 1580. *Ecole de Parme.*

1043. — La Conception. Composition mystique dont l'allégorie est obscure; l'on sait seulement que l'auteur s'est peint lui-même assis à terre, sur le devant du tableau.

1044. — L'adoration des Mages.

MICHEL-ANGE des Batailles (Michel-Agnolo Cerquozzi, dit M. A. delle Bambocciate, ou), mort en 1660, âgé d'environ 60 ans.

1045. — Troupe de charlatans. L'un d'eux mon=

tre la permission obtenue de paraître en public, scellée des armes de Médicis.

MOLA (Pietro Francesco), né vers 1612, mort vers 1668. *Ecole bolonaise.*

1046. — L'ange du Seigneur apparaît à Agar dans le désert. Il lui annonce qu'Ismaël doit être le père d'un peuple nombreux, et lui découvre une source d'eau pour les désaltérer et les sauver de la mort.

1047. — Le repos de la Sainte Famille. Saint Joseph paraît plongé dans la méditation.

1048. — Saint Jean-Baptiste prêche dans le désert, et dit en voyant Jésus qui venait vers lui : *Voici l'agneau de Dieu.*

1049. — Le même sujet traité dans une petite proportion.

1050. — Vision de Saint Bruno, dans le désert.

1051. — Herminie, en gardant le troupeau du berger, trace sur l'écorce d'un hêtre, le nom de Tancrède, objet de ses amours. *(Jérusalem délivrée, chant VIII).*

1052. — Herminie aidée de Valtrin, panse les blessures de Tancrède, vainqueur d'Argant étendu sur la poussière. *(Jérusalem délivrée, chant XIX).*

MORONI (Gio Batista), mort en 1578. *Ecole vénitienne.*

1053. — Tête d'homme dont la barbe et les cheveux sont blancs, l'habillement noir, et le collet rabattu.

1054. — Tête de femme vêtue en rouge et noir, avec une collerette montée.

MURILLO (don Bartolome Estevan), né en 1613, mort en 1685. *Ecole espagnole.*

1055. — Le Père éternel et le Saint Esprit contemplent l'enfant Jésus, qui assis sur les genoux de la Vierge, reçoit une croix de jonc que lui présente le jeune Saint Jean, accompagné de Sainte Elisabeth.

1056. — Jésus assis sur les genoux de sa mère, joue avec un chapelet.

1057. — Sur la montagne des Oliviers, un ange présente à Jésus le calice et la croix. Dans le lointain, on aperçoit les apôtres endormis.

1058. — Saint Pierre à genoux demande pardon de son parjure, à Jésus flagellé.

1059. — Un jeune mendiant.

MUTIEN (Girolamo Muziano), né en 1528, mort en 1590. *Ecole romaine.*

1060. — Lazare ressuscité à la prière de Marthe et de Marie, en présence des disciples.

1061. — L'incrédulité de Saint Thomas.

NICCOLO (del Abate), né vers 1509, mort en 1571. *Ecole de Parme.*

1062. — Le mariage mystique de Sainte Catherine d'Alexandrie. Sur le devant est un buste d'homme, présumé le donateur du tableau. Il en existe plusieurs semblables à celui-ci, qui sont donnés au *Parmesan.*

NUVOLONE (Carlo Francesco, dit Panfilo), né en 1608, mort en 1661. *Ecole milanaise.*

1063. — La Vierge et l'enfant Jésus écrasent la

tête du serpent; ils apparaissent à Saint Charles Borromée et à Saint François d'Assise.

ORIZZONTI (Jean-François van Bloemen, dit l'): quoique flamand d'origine, placé dans l'*École romaine;* mort en 1749.

1064. — Paysage orné de figures et de fabriques.

ORSI (da Novellara Lelio), né en 1511, mort en 1587. *Ecole de Parme.*

1065. — Par l'intercession de la Vierge, de Saint Joseph et d'un évêque dont les anges portent la mitre et la crosse, Jésus accorde le salut à une ame du Purgatoire. L'archange Saint Michel, vainqueur du démon, la lui présente dans la balance de la justice éternelle, où d'autres ames vont bientôt être mises par les anges gardiens. Ce tableau est attribué, par quelques personnes, à *Giorgio del Grano*, peintre également élève du *Corrége*.

PALME LE VIEUX (Jacopo Palma, dit). Naissance ignorée; on croit qu'il mourut âgé de 48 ans. *Ecole vénitienne.*

1066. — Portrait de Pierre du Terrail, dit le chevalier Bayard ou le chevalier sans peur et sans reproches, tué en 1524, à la retraite de Rebec, en Italie, à l'âge de 50 ans. Il est représenté remettant l'épée dans le fourreau, après avoir donné l'accolade à François I.er, roi de France, qui voulut être armé chevalier par ce preux, après la bataille de Marignan, en 1515.

1067. — *Ex-voto*. La Vierge et Saint Joseph présentent l'enfant Jésus à l'adoration d'un jeune berger dont les compagnons, dans le lointain, regardent avec surprise les anges qui leur annoncent la venue du Messie. Une femme à genoux et les mains jointes, placée derrière la Vierge, est présumée la donatrice du tableau. Plusieurs personnes l'attribuent à *Pâris Bordone*.

1068. — La Vierge et l'enfant Jésus reçoivent les hommages de Sainte Elisabeth, du jeune Saint Jean, de Saint Joseph, de Saint Antoine, hermite, de Saint Antoine de Padoue et de la Madeleine. *C. du M. N.*

PALME JEUNE (Jacopo), né en 1544, mort en 1628. *Ecole vénitienne.*

1069. — Saint Stanislas, évêque de Cracovie, après avoir invoqué Saint Jean-Baptiste, la Vierge et l'enfant Jésus, ressuscite un nommé Pietrowits, mort depuis trois ans. Il lui ordonne de comparaître en présence de Boleslas II, roi de Pologne, pour affirmer que l'évêque avait réellement payé le domaine que Pietrowits lui avait vendu. (*Voyez Ribadeneira*).

PANINI (Gio Paolo, dit Jean-Paul), né en 1691, mort en 1764.

1070. — Concert donné dans l'intérieur d'une galerie circulaire d'ordre dorique.

1071. — Paysage orné de figures et de fabriques.

1072. — Festin donné sous un portique d'ordre ionique. Panini s'est représenté la tête couverte d'un bonnet bleu couleur changeante, et portant la main sur la poitrine.

1073. — Ruines d'architecture d'ordres dorique et ionique, un homme monté sur un morceau d'entablement renversé, prêche un auditoire composé de personnages bizarrement vêtus.

PARMESAN (Francesco Mazzuola, dit le), né en 1503, mort en 1540. *Ecole de Parme.*

1074. — Des anges servent des fruits à Jésus et à la Sainte Famille. Le tableau est donné, dans les anciens inventaires, à *André Azio*, qui peut avoir été l'élève ou l'imitateur du Parmesan, mais dont les écrivains ne font point mention.

1075. — En présence de la Vierge, de Saint Joseph et de Sainte Elisabeth, Saint Jean-Baptiste reçoit l'accolade de l'enfant Jésus.

1076. — La Vierge accompagnée d'un ange, de Saint Benoît et de Saint Jérôme, regarde avec complaisance Sainte Marguerite qui baise les pieds de l'enfant Jésus.

1077. — Répétition du même sujet, en petit.

1078. — La Vierge, l'enfant Jésus, la Madeleine et des anges. Tableau connu sous la dénomination de *la Vierge au long cou*.

PAUL VERONÈSE (Paolo Caliari, dit), mort en 1588, âgé de 58 à 60 ans.

1079. — Portrait d'une jeune femme. Elle tient une girouette, ancien éventail en usage à Venise.

1080. — Portrait de femme. Elle a une partie du sein découvert, porte la main gauche à sa chevelure, et la droite sur le dos d'un enfant nu.

1081. — Loth et ses filles préservés par les anges, du feu qui consume la ville de Sodome. Dans le lointain, on aperçoit son épouse changée en une statue de sel.

6*

1082. — Le repas chez Simon. Il est donné sous un portique de riche architecture, et sur deux tables particulières ; à l'une, Simon et son épouse, placés vers la gauche du spectateur, considèrent avec étonnement l'humilité de la pécheresse, qui après avoir parfumé les pieds de Jésus, les arrose de ses larmes ; à la seconde, vers la droite, on reconnaît Judas parmi les disciples : il s'est levé avec précipitation, et semble désapprouver l'emploi que la pécheresse a fait du parfum.

1083. — Jésus étant venu dans la maison de Pierre, vit sa belle-mère qui était au lit, et qui avait la fièvre ; lui ayant touché la main, la fièvre la quitta, etc.

1084. — Jésus succombe sous le poids de la croix, et la Madeleine porte secours à la Vierge évanouie.

1085. — Jésus descendu de la croix, pleuré par la Vierge, les Saintes Femmes et les disciples.

1086. — Les pélerins d'Emmaüs à table. Parmi les spectateurs, le peintre a placé son épouse et une partie de sa famille.

1087. — La Vierge, l'enfant Jésus, Saint Georges, Sainte Catherine d'Alexandrie et Saint Benoît.

1088. — La Vierge assise sur une estrade élevée et accompagnée de Saint Joseph, écoute avec attention les prières que Saint Jean, Saint François d'Assise et Sainte Justine adressent à l'enfant Jésus ; au côté opposé, Saint Jérôme, en habit de cardinal, tient un livre à la main et paraît méditer.

1089. — Mariage mystique de Sainte Catherine

d'Alexandrie, en présence de Saint Georges, habillé à la vénitienne.

1090. — La Madeleine soulève la main de l'enfant Jésus, et la donne à baiser à une religieuse que Saint Joseph présente au Sauveur. Sainte Elisabeth, placée derrière la Vierge, forme une couronne d'une guirlande de fleurs.

1091. — Saint Georges entouré de gardes, est amené devant la statue d'Apollon pour adorer ou recevoir la mort : sans se laisser intimider par l'apprêt du supplice, il tourne ses regards vers le ciel ; il aperçoit la Vierge et Jésus environnés de la milice céleste, les apôtres Saint Pierre et Saint Paul, la Foi, l'Espérance et la Charité personnifiées; l'ange qui lui apporte la palme et la couronne réservées aux martyrs.

1092. — Une femme donne la main à un enfant effrayé à l'approche d'un chien.

1093. — Jupiter précédé de l'Amour des lois, foudroie les Vices qui tombent épouvantés. Plafond de forme ovale.

PELLEGRINI (Antonio), né en 1675, mort en 1741. *Ecole de Venise.*

1094. — La Modestie obtient les suffrages de l'Académie désignée par la Peinture personnifiée ; le Génie de la France inscrit *Pellegrini* au nombre de ses enfans. Ce peintre fut reçu à l'Académie, en 1733.

PERUGIN (Pietro Vannucci, dit le), né en 1446, mort en 1524. *Ecole romaine.*

1095. — La Vierge et son fils reçoivent les hommages des Saints protecteurs de la ville de Pérouse ; de Saint Laurent, de Saint Louis, évêque de Toulouse, de Saint Herculan, évêque de Pérouse, et de Saint Constance.

1096. — La Vierge, l'enfant Jésus, Saint Jérôme et Saint Augustin.

1097. — L'ascension de Jésus, en présence de la Vierge et des disciples. L'apôtre placé derrière Saint Jean, qui regarde le spectateur, est pris, par quelques personnes, pour le *Pérugin*.

1098. — La Vierge et son fils transportés dans les airs au milieu d'un chœur d'esprits célestes. Sur le devant du tableau, Saint Michel, Sainte Catherine d'Alexandrie, Sainte Lucie et Saint Jean l'évangéliste.

PERUZZI (Baldassare), né en 1481, mort en 1536. *Ecole de Sienne.*

1099. — La Vierge couvre d'un voile l'enfant Jésus endormi.

PESARESE (Simone Cantarini, dit le), né en 1612, mort en 1648. *Ecole bolonaise.*

1100. — La Vierge se repose avec l'enfant Jésus, et Saint Joseph se livre au sommeil.

PIAZZETA (Gio Batista), mort en 1754, âgé de 71 ans. *Ecole vénitienne.*

1101. — Un militaire vêtu à la polonaise, un jeune homme battant la caisse.

PIETRE DE CORTONE (Pietro Berretini, dit), né en 1596, mort en 1669. *Ecole florentine.*

1102. — Le sacrifice de Jacob et d'Esaü, pour consacrer leur réconciliation.

1103. — La nativité de la Vierge.

1104. — L'enfant Jésus assis sur sa mère, reçoit de Sainte Martine une tige de lis et une palme, symboles de sa virginité et de son martyr.

1105. — Le même sujet traité différemment : l'enfant Jésus paraît donner la tige de lis au lieu de la recevoir.

1106. — Sainte Martine entraînée dans le temple d'Apollon pour y sacrifier, fait le signe de la croix ; aussitôt une portion du temple s'écroule, écrase le peuple et les prêtres des faux Dieux. Les légendaires, qui fixent ce miracle à la quatrième année du règne de Septime Sévère, ajoutent que ce prodige se renouvela lorsque la Sainte fut conduite dans le temple de Diane.

1107. — Faustulus, garde des troupeaux d'Amulius, remet à Laurentia, sa femme, Rémus et Romulus, qu'une louve allaitait.

POLIDORO (Caldara), né à Caravaggio en 1495, mort en 1543. *Ecole romaine.*

1108. — L'assemblée des Dieux, dans l'olympe.

PONTORME (Jacopo Carucci, dit le), né en 1493, mort en 1558. *Ecole florentine.*

1109. — Portrait d'un graveur coiffé d'un bonnet à oreilles; il tient à la main un instrument de son art. Quelques personnes soupçonnent que c'est le portrait de *Giovanni delle Corniole,* florentin et célèbre graveur, qui vivait du tems du Pontorme.

PORDENONE (Gio. Antonio Licinio, dit le), né en 1484, mort en 1540. *Ecole vénitienne.*

1110. — Saint Laurent de l'ancienne famill

de Giustiniani, placé entre deux religieux de son ordre ; Saint Augustin, évêque d'Hippone, Saint François d'Assise, Saint Bernard et Saint Jean-Baptiste.

PRIMATICE (Francesco Primaticcio, dit le), né en 1490, mort en 1570. *Ecole bolonaise.*

1111. — Sujet allégorique et inconnu.

1112. — Scipion, après la prise de Carthagène, rend à Allucius la jeune princesse qui lui était fiancée, et ajoute à sa dot, la rançon que les parens avaient apportée pour la racheter.

PROCACCINI (Camillo), florissait en 1609. *Ecole milanaise.*

1113. — La Vierge assise sur un trône élevé, présente Jésus aux hommages de Saint-Georges, de Saint Jérôme et de Saint François d'Assise.

PROCACCINI (Ercole), mort en 1676, à 80 ans. *Ecole milanaise.*

1114. — Le mariage de la Vierge. Sur le devant du tableau, l'un des prétendans à la main de Marie, brise la verge demeurée stérile entre ses mains.

PROCACCINI (Giulio Cesare), né en 1548, mort vers 1626. *Ecole de Bologne.*

1115. — Saint François d'Assise, Saint Jean-Baptiste, la Vierge, l'enfant Jésus et Sainte Catherine d'Alexandrie.

RAPHAEL (Raffaele Sanzio, ou), né à Urbin en 1483, mort à Rome en 1520.

1116. — Portraits de Raphaël et de son maître

d'armes, ou, selon quelques personnes, portraits de Raphaël et du Pontorme, peints par ce dernier.

1117. — Portrait de Balthasar Castiglione, ami de Raphaël, célèbre par différens ouvrages, né en 1478, mort évêque d'Avila, en 1529. *C. du M. N.*

1118. — Portrait du cardinal Fedro Inghirami, homme de lettres et bibliothécaire du Vatican.

1119. — Portrait du pape Jules II (Julien della Rovere), natif de Savone, élu pape en 1503, mort en 1513, âgé de 70 ans.

1120. — Portrait du pape Léon X, restaurateur des letttres et protecteur des arts. Il est assis, tient une loupe à la main ; à sa droite est le cardinal Jules de Médicis, qui, depuis, fut pape sous le nom de Clément VII ; de l'autre côté, le cardinal Louis de Rossi, secrétaire des brefs, que Léon X agrégea à sa famille, à cause de son mérite.

1121. — Portrait de Bernardo Tarlati ou Dovizzi, né en 1470, créé cardinal sous le nom de Bibiena, par le pape Léon X, en 1513, et mort en 1520. Il fut l'ami de Raphaël et le protégé de la famille de Médicis. Il est l'auteur de la *Calandra*, comédie en prose, et la première pièce régulière qui parut à la renaissance des arts ; elle fut représentée devant le pape Léon X avec les décorations de B. Peruzzi, peintre et architecte de Sienne. Leur magnificence, leur jeu et l'adresse avec laquelle il les fit éclairer, furent admirés et imités. L'Europe doit donc à la protection de Léon X, aux talens du cardinal Bibiena et à l'habileté de Peruzzi, la renaissance de la bonne comédie et l'art de la décoration.

1122. — Portrait d'un jeune homme dont la tête est appuyée sur la main.

1123. — Autre portrait d'un jeune homme dont le bras est appuyé sur une table, et dont la main pose sur le poignet de l'autre bras.

1124. — Portrait de Jeanne d'Arragon, vice-reine de Naples, dont *Raphaël* a peint la tête, et *Jules Romain* le reste du tableau.

1125. — Le Père éternel soutenu par les anges et par les êtres, symboles des quatre evangélistes, apparait au prophète Ezechiel, sur les bords du fleuve Chobar.

1126.
{ La salutation angélique.
L'adoration des rois.
La présentation au temple. }

Ces trois sujets ne sont séparés entr'eux que par des arabesques peints sur le fond. Ils ornaient dans l'église de Saint François, à Perouse, un retable d'autel, au-dessus duquel était placé le tableau décrit sous le n.° 1135. Le tout avait été peint par Raphaël, dans sa jeunesse, pour Madame Madeleine *degli Oddi*.

1127. — La Sainte Famille. L'enfant Jésus s'élance dans les bras de la Vierge. Il est adoré par le jeune Saint Jean que Sainte Élisabeth contient dans une posture respectueuse. Saint Joseph et deux anges occupent le fond du tableau; l'un d'eux répand des fleurs sur le Messie. Raphaël fit ce tableau pour le roi François 1.er, en 1518, deux ans avant sa mort. *C. du M. N.*

1128. — La Sainte Famille connue sous le nom de la *belle jardinière*. C. du M. N.

1129. — La Vierge, l'enfant Jésus et Saint Jean-Baptiste. Tableau connu sous le nom *della Madona della Sedia*.

1130. — L'enfant Jésus appuyé sur la Vierge et les pieds posés sur son berceau, caresse Saint Jean que Sainte Elisabeth lui présente dans une attitude respectueuse.

1131. — Le sommeil de Jésus; la Vierge soulève le voile dont il est couvert, pour le montrer à Saint Jean qui est en l'adoration.

1132. — La Transfiguration. Sur le sommet du mont Thabor Jésus converse avec Moïse et Élie, éclairés de la lumière qui émanant de sa personne, éblouit les apôtres Saint Pierre, Saint Jacques et Saint Jean. Près des disciples restés au bas de la montagne, un possédé éprouve d'horribles convulsions dont ils ne peuvent le délivrer. Ils montrent que le Christ, seul, peut opérer ce miracle. Les deux diacres à genoux sur le penchant de la montagne, sont, selon les uns, Saint Etienne et Saint Laurent; selon les autres, les neveux du cardinal Jules de Médicis, archevêque de Narbonne, qui ordonna le tableau pour sa cathédrale. La mort de Raphaël changea cette destination. C'est à la Victoire, que la France doit ce chef-d'œuvre qui lui était destiné. C. du M. N.

1133. — Jésus dans sa gloire, accompagné de la Vierge et de Saint Jean-Baptiste; au-dessous, Saint Paul debout tenant son épée, et Sainte Catherine d'Alexandrie, à genoux, présentant au Christ la palme obtenue par son martyre. Tableau connu sous le nom des *cinq Saints*.

1134. — L'Assomption de la Vierge. Les grandes occupations de Raphaël ne lui laissèrent point le tems de faire ce tableau qui lui avait été demandé par les religieuses claristes de Monte Luce, près Pérouse. Il a été terminé après sa mort, par ses héritiers *Jules Romain* et *Jean François Penni*, dit *il Fattore*.

1135. — La Vierge couronnée par son fils, dans le ciel. Les apôtres restés autour du sépulcre, la contemplent avec admiration ; ils marquent leur surprise à la vue des fleurs qu'ils trouvent à la place que Marie occupait. L'apôtre vêtu de brun, placé à la droite du spectateur, et près les bords du tableau, est peint par le *Pérugin*, d'après *Raphaël*, âgé de 17 ans. Du côté opposé, la tête vue de profil avec un peu de barbe au menton, est peinte par *Raphaël*, d'après le Pérugin. Ce tableau comparé avec celui de la Transfiguration, exposé sous le n.° 1132, fait connaître la carrière immense parcourue par cet habile homme, en vingt années de travaux. Voyez le n.° 1126.

1136. — Saint Michel victorieux du démon. *C. du M. N.*

1137. — Allégorie. Saint Michel combat les monstres. Dans le lointain on voit une ville enflammée ; près de là des hommes vêtus d'une chape de plomb, et plusieurs autres tourmentés par des figures fantastiques ; pensée qui paraît avoir été empruntée *alla divina commedia du Dante*.

1138. — Saint Georges monté sur un cheval blanc, combat un énorme dragon qu'il a déjà blessé.

1139. — Sainte Cécile, l'apôtre Saint Paul, la

Madeleine, Saint Jean l'évangéliste et Saint Augustin, écoutent avec attention un concert d'anges qui unissent leurs voix pour chanter les louanges du Seigneur.

1140. — La Vierge et l'enfant Jésus paraissent dans les airs, environnés d'une cour céleste. Ils sont invoqués par Saint Jérôme, Saint Jean-Baptiste et Saint François d'Assise, en faveur de Sigismond Conti, camerier, et premier secrétaire du pape Jules II, donateur du tableau. Sur le devant, un ange tient une tablette destinée à contenir une inscription qui a pu être détruite lorsque sœur Anna Conti, nièce de Sigismond, fit transporter le tableau de l'église dite à Rome l'*Ara Cœli*, dans celle des religieuses de Sainte Anne, dite *le Contesse*, à Foligno.

1141. — Panneau divisé en trois compartimens, représentant la Foi un calice à la main; la Charité entourée d'enfans; et l'Espérance, les mains jointes et les regards dirigés vers le ciel. Chaque Vertu est accompagnée de deux génies portant les attributs qui servent à la faire distinguer.

RICCI (Bastiano), né en 1660, mort en 1734.
Ecole vénitienne.

1142. — Les Amours servent la France personnifiée, dont un génie puissant porte le diadème. Une femme décorée des attributs de Minerve, et d'un chapelet pour désigner la religion qu'elle professe, représente le Gouvernement qui couronne la vertu guerrière, s'entoure des productions des arts, foule aux pieds l'Ignorance et fait naître l'Abondance. Le Tems laisse reposer sa faulx. Tableau allégorique donné par l'auteur, pour sa réception à l'Académie de peinture de Paris, en 1718.

RONDANI (Francesco Maria), mort avant l'année 1548. *Ecole de Parme.*

1143. — La Vierge et l'enfant Jésus apparaissent à Saint Jérôme et à Saint Augustin, évêque d'Hippone.

ROSA (Salvator), né en 1615, mort en 1673. *Ecole napolitaine.*

1144. — La Pythonisse d'Endor évoque l'ombre de Samuel, que Saül veut consulter sur l'issue de la guerre qu'il soutient contre David.

1145. — Le jeune Tobie, par le commandement de l'ange Raphaël, tire un poisson hors de l'eau.

1146. — Des bienheureux de tout âge et de tout sexe, obtiennent de la Vierge et de l'enfant Jésus la cessation de leurs souffrances, après avoir été purifiés par les flammes du purgatoire, dont les anges les viennent délivrer.

1147. — Marine, soldats et pêcheurs.

1148. — Bataille sur terre, et embrasement de vaisseaux sur mer.

ROSSELLI (Matteo), né en 1578, mort en 1650. *Ecole florentine.*

1149. — La Vierge et des anges apportent des fleurs et des fruits à l'enfant Jésus, assis sur les genoux de Saint Joseph.

SABBATINI (Lorenzo ou Lorenzino da Bologna), mort en 1577. *Ecole bolonaise.*

1150. — Jésus debout sur son berceau et tenu

par sa mère, montre le ciel au jeune précurseur qui lui offre une croix.

SABBATINI (da Salerno Andrea), né vers 1480, mort vers 1545. *Ecole napolitaine.*

1151. — La Visitation de la Vierge. Le peintre a représenté, sous la figure de Marie, la dernière princesse de Salerne, qui était de la famille Villa Marina; sous celle de Sainte Elisabeth, un eunuque de la maison ; sous celle de Zacharie, Bernardo Tasso, secrétaire des princes de Salerne, auteur du poëme intitulé *Amadigi*, et père de Torquato Tasso, auteur de la Jérusalem délivrée.

SACCHI (Andrea), né en 1600, mort en 1661. *Ecole romaine.*

1152. — Des ambassadeurs, désireux de rapporter dans leur pays des reliques, vinrent se plaindre à Saint Grégoire le Grand, d'avoir seulement obtenu de lui un vase renfermant des linges qui avaient touché aux corps des martyrs. Le saint pontife, au rapport des légendaires, voulant faire connaître le prix du présent qu'il leur avait fait, se mit en prières, perça les linges, dont il sortit du sang, au grand étonnement des spectateurs.

1153. — Saint Romuald raconte à ses disciples qu'étant endormi dans un champ, il vit une échelle qui atteignait le ciel et leur servait à y parvenir. Malduli, gentilhomme à qui ce champ appartenait, ayant eu la même vision, donna et le champ et les bâtimens construits dessus à Saint Romuald, qui y fonda le chef-lieu de son ordre, d'où ces moines furent appelés *Camaldules,* des mots *Casa Malduli*, Maison de Malduli. *Ribadenéira*.

SALVIATI (Francesco Rossi de''), né en 1510, mort en 1563. *Ecole florentine.*

1154. — Jésus dit à Thomas, devant les disciples assemblés : *Portez ici votre doigt, et considérez mes mains ; approchez aussi votre main, et la mettez dans mon côté, et ne soyez plus incrédule, mais fidelle.*

SAMACHINI (ou Fumaccini Orazio), né en 1532, mort en 1577. *Ecole bolonaise.*

1155. — On présume que les quatre tableaux désignés sous le même n.°, représentent des poëtes lyriques de la Grèce, Alcée et Sapho, Erinne et Anacréon.

SARACCINI (Carlo, dit encore Carlo Venitiano), né en 1587, mort âgé d'environ 40 ans. *Ecole vénitienne.*

1156. — Des anges forment un concert pour charmer les fatigues de la Sainte Famille ; l'un d'eux courbe les branches d'un palmier, pour en cueillir les fruits.

SCHIAVONE (Andrea), né en 1522, mort en 1582. *Ecole vénitienne.*

1157. — La prédication de Saint Jean-Baptiste dans le désert.

SCHEDONE (mais plus ordinairement nommé Schidone Bartolommeo), mort en 1615. *Ecole de Parme.*

1158. — Repos de la Sainte Famille.

1159. — Une Sainte Famille.

1160. — Les disciples de Jésus portent le corps de leur maître à la sépulture, et sont guidés par un ange armé d'un flambeau.

1161. — En présence des Saintes Femmes et des disciples, le corps de Jésus prêt à être enseveli, est posé, avec l'aide de la Madeleine, sur le bord du sépulcre.

1162. — Joseph d'Arimathie, Nicodème et Saint Jean mettent dans le tombeau le corps de Jésus, dont la Madeleine prend la main pour la baiser.

SEBASTIEN (ou Fra Bastiano del Piombo), mort en 1547, à l'âge de 62 ans. *École vénitienne.*

1163. — Portrait de Baccio Bandinelli, sculpteur florentin, émule de Michel-Ange, né en 1487, mort en 1559.

1164. — La Visitation de la Vierge.

1165. — Des anges apportent les objets nécessaires pour coucher l'enfant Jésus endormi dans les bras de sa mère.

1166. — Sainte Agathe souffre le martyre à Catane, l'an 251, pour n'avoir pas voulu condescendre à l'amour de Quintien, gouverneur de la Sicile, moins envieux de sa main que des richesses qu'elle possédait. Tableau peint en 1520.

SOLARI (Andrea), naissance et mort inconnues. Elève de Léonard de Vinci. *École milanaise.*

1167. — La fille d'Hérodiade reçoit dans un bassin la tête de Saint Jean – Baptiste, qui lui est présentée par un bourreau dont on ne voit que le bras. Ce tableau, attribué par plusieurs personnes à *Léonard de Vinci*, a été acheté par Louis XIV, comme une production de Solari, et toujours compté au nombre de ses ouvrages dans les anciens inventaires.

1168. — La Vierge allaite l'enfant Jésus couché sur un coussin de couleur verte. *C. du M. N.*

SOLIMENE (Francesco), né en 1657, mort en 1747. *Ecole napolitaine.*

1169. — Satan épie le moment favorable pour tenter Adam et Eve.

SPADA (Leonello), né en 1576, mort en 1622. *Ecole bolonaise.*

1169 *bis.* — La salutation angélique.

1170. — L'enfant prodigue implore la clémence de son père.

1171. — Un ange apporte une palme à Saint Christophe agenouillé, dépouillé de ses vêtemens et prêt à recevoir le martyre.

Par allusion à son nom qui signifie *épée*, Spada marquait ses ouvrages d'une épée coupée par une L, initiale de son prénom.

1172. — Jésus et la Vierge, entourés de la milice céleste, apparaissent à Saint François d'Assise qui leur offre les roses rouges et blanches écloses des épines qui ont servi à le flageller pendant l'hiver.

TIARINI (Alessandro), né en 1577, mort en 1668. *Ecole de Bologne.*

1173. — Joseph, désabusé par l'ange du Seigueur demande pardon à la Vierge d'avoir soupçonné sa vertu et formé le projet de la renvoyer à ses parens. Marie prend le ciel à témoin de son innocence, et les anges applaudissent à leur réunion.

1174. — L'enfant Jésus donne l'anneau nuptial à Sainte Catherine d'Alexandrie, en présence de la Vierge, de Saint Joseph, de Saint Charles Borromée, de l'archange Saint Michel, de Saint François d'Assise et de Saint Jean-Baptiste.

TINTORET (Jacopo Robusti, dit le), né en 1512, mort en 1594. *École vénitienne.*

1175. — Portrait de Tintoret peint par lui-même.

1176. — Portrait d'homme chauve et portant la barbe. Il est vêtu de noir, tient de la main droite un mouchoir, et de la gauche un bonnet.

1177. — Portrait d'homme dont la barbe rousse est fourchue, la tête nue et les cheveux courts. Il est couvert d'une robe noire sur un pourpoint violet; la main gauche pose sur la hanche, et la droite tient un papier.

1178. — Susanne au bain.

1179. — La Cène.

1180. — Entrée de Jésus dans Jérusalem.

1181. — Le Christ descendu de la croix.

1182. — Le Christ mort, soutenu et pleuré par les anges.

1183. — Sainte Agnès en présence d'un grand nombre de témoins, rend la vie au fils de Symphronius, préfet de Rome. Il était tombé mort, en voulant lui faire violence dans le lieu de prostitution où elle avait été exposée pour avoir refusé de sacrifier à Vesta.

1184. — Un Vénitien esclave chez les Turcs, condamné à des tourmens par son maître, invoque Saint Marc qui exauce sa prière et lui apparaît. Aussitôt les cordes du patient se délient, les instrumens des bourreaux se brisent, et l'un d'eux montre les morceaux de sa masse rompue à l'ordonnateur du supplice, placé sur un siège élevé.

TITIEN (Tiziano Vecellio), mort à 99 ans, en 1576. *Ecole vénitienne.*

1185. — Portrait du Titien et de sa maîtresse. Le peintre s'occupe à multiplier les traits de celle qu'il aime, par le moyen de deux miroirs opposés.

1186. — Portrait de François I.er, roi de France. Sa tête est couverte d'une toque ornée d'une plume blanche. Il porte la main sur la garde de son épée.

1187. — Portrait d'Alphonse d'Avalos, marquis du Guast, lieutenant-général des armées de l'empereur Charles V, en Italie, mort en 1546, à l'âge de 42 ans. Il porte la main sur le sein de sa maîtresse, dont la beauté lui paraît digne des hommages de l'univers; l'Amour, en lui confiant ses flèches, Flore et Zéphyr en lui apportant le tribut de leur empire, semblent se tromper et la prendre pour la déesse de la beauté. Voyez *Brantôme.*

1188. — Portrait d'un jeune homme vêtu de noir. Il tient ses gants de la main gauche; son coude est appuyé sur un socle.

1189. — Portrait d'un homme vêtu de noir. La main droite est posée sur la hanche, et le pouce de la gauche passé dans une écharpe.

1190. — Portrait d'homme dont une main est gantée et dont l'autre tient un gant.

1191. — Portrait d'homme à longue barbe; la main gauche est appuyée sur un piédestal, et la droite pose sur la garde de son épée.

1192. — Portrait d'homme vêtu de noir. Il gesticule de la main droite; la main gauche est posée sur le genou.

1193. — Portrait d'un guerrier. Sa tête est couverte d'une toque surmontée de plumes; il tient un gant à la main droite, porte l'autre sur la garde de son épée, et semble donner ou recevoir un défi.

1194. — Portrait du cardinal Hippolyte de Médicis, en habit guerrier. Il était fils naturel de Julien de Médicis, fut créé cardinal en 1529, par le pape Clément VII, et mourut en 1535, âgé seulement de 24 ans.

1195. — Portrait de femme vêtue d'une robe bleue à manches cramoisies. Elle tient une cordelière en or; l'on croit qu'elle a été la maîtresse du Titien.

1196. — Deux anges adorent l'enfant Jésus, couché sur les genoux de la Vierge.

1197. — La Vierge assise à terre, tient un lapin blanc; l'enfant Jésus, dans les bras de Sainte Catherine d'Alexandrie, paraît le demander avec instance. Dans le lointain, des moutons paissent, et Saint Joseph caresse une brebis noire.

1198. — La Vierge, l'enfant Jésus, Saint Etienne, premier martyr, Saint Ambroise et Saint Maurice.

1199. — Le Sauveur du monde.

1200. — Le couronnement d'épines.

1201. — Le Christ porté au tombeau. *C. du M. N.*

1202. — Les pèlerins d'Emmaüs. *C. du M. N.*

1203. — L'Assomption. L'apôtre à genoux qui, les mains jointes, regarde avec étonnement la gloire de la Vierge, est l'architecte *Michele di san Micheli*, ami du *Titien*.

1204. — Saint Jérôme à genoux devant un crucifix.

1205. — Saint Laurent dépouillé de ses vêtemens, est couché sur le gril préparé pour son supplice. Calme au milieu des douleurs, il tourne ses regards vers le ciel, d'où part une splendeur divine qui lui présage sa prochaine entrée dans le céleste séjour.

1206. — La recherche sévère que Saint Pierre, dominicain et grand inquisiteur, faisait des hérétiques de son tems, lui suscita des ennemis qui conspirèrent sa mort. Un nommé *Carin*, gagné par eux, l'attend dans un bois épais, entre Come et Milan, et l'assassine; frère Dominique, son compagnon, déjà blessé à mort, se met à fuir en invoquant le secours divin. Deux anges apportent la palme du martyre à Saint Pierre, qui ne pouvant achever de prononcer le *Credo*, en trace les lettres avec le doigt trempé dans son sang. Il mourut en 1252.

1207. — Sainte Agnès présente à la Vierge et à l'enfant Jésus, la palme du martyre qu'elle a obtenue par sa constance; Saint Jean-Baptiste leur offre un agneau, symbole du sacrifice que Jésus devait faire de sa vie.

1208 — Première session du concile de Trente, tenue le 13 Décembre 1545, à laquelle les seuls ambassadeurs de Ferdinand, roi des Romains, assistèrent; celui de l'empereur d'Autriche était demeuré malade à Venise, et ceux de François I.er, roi de France, avaient été rappelés à cause du long retardement de l'ouverture du concile.

TORBIDO, dit aussi le Moro (Francesco), élève de Giorgion. *École vénitienne.*

1209. — Le nain de Charles V, représenté en pied, de grandeur naturelle. Il a le costume de chevalier, et tient la main gauche sur un chien.

TREVISANI (Francesco), né en 1656, mort en 1746. *École vénitienne.*

1210. — Tableau mystique, dans lequel le peintre a voulu représenter la pureté de la Vierge par le lis qu'elle soutient, et l'avénement de la Passion par la grenadille que Jésus montre à sa mère. Selon quelques personnes, cette fleur offre l'image de plusieurs instrumens du mystère de la rédemption.

VANNI (Francesco), né en 1565, mort en 1609. *École de Sienne.*

1211. — Repos de la Sainte Famille.

1212. — Un ange présente à la Vierge des alimens pour l'enfant Jésus.

VELASQUEZ, de Silva (don Diego), né en 1594, mort en 1660. *École espagnole.*

1213. — La famille de Velasquez. Cet artiste

avait épousé *donna Juana*, fille de Francisco Pacheco, familier de l'inquisition de Séville, censeur des peintures sacrées, et en outre peintre, poëte et historien.

VERONÈSE (Alessandro Turchi, dit l'Orbetto, ou Alexandre), né en 1580, mort en 1650. *École vénitienne.*

1214. — Le déluge. *C. du M. N.*

1215. — Dalila livre Samson endormi aux Philistins, dont le plus hardi lui coupe les cheveux. La mâchoire d'âne et l'épée qui sont entre les mains de deux enfans, désignent les armes avec lesquelles le Nazaréen s'était rendu redoutable à ses ennemis.

1216. — La femme adultère absoute par Jésus.

1217. — Mariage mystique de Sainte Catherine d'Alexandrie. *C. du M. N.*

1218. — Jupiter et Léda.

1219. — Vaincu et trahi par les siens, Antoine s'est donné la mort et a voulu expirer en présence de Cléopâtre ; Proculeius est à ses côtés ; la reine d'Egypte ayant perdu l'espoir de séduire Octave par ses charmes, se fait piquer par un aspic.

NOTICE

Des Tableaux placés dans la Galerie, pendant l'impression du Livret.

ÉCOLE FRANÇAISE.

BRUN (Charles Le). Voyez page 4.

1220. — Portrait de Charles-Alphonse de Fresnoy, peintre et poëte latin. Voyez page 6.

DROUAIS (J. G.), mort à Rome en 1788, et enlevé aux arts et à ses amis, dans la 25.e année de sa vie.

1220 *bis*. — Une femme chananéenne se jeta aux pieds de Jésus, et s'écria : *Seigneur, fils de David, ayez pitié de moi ; ma fille est misérablement tourmentée par le démon.*

LEFEVRE (Claude), né en 1636, mort en 1675.

1221. — Un maître avec son élève.

VERNET (Joseph). Voyez page 16.

1222. — Cascade dont les eaux se précipitent à travers les arbres et les rochers ; pêcheurs sur le devant du tableau.

ECOLES ALLEMANDE, FLAMANDE ET HOLLANDAISE.

CONING (Salomon). Voyez page 27.

1223. — L'adoration des Mages.

HEEM (Jean-David de). Voyez page 40.

1224. — Pêches, raisins, melons, grenades, citrons ; vases, flute et coquillages.

POEL (Albert), vivait en 1647. *Ecole holland.*

1225. — La ferme. Sur le devant du tableau, une femme allaite son enfant.

PYNACKER (Adam). Voyez page 61.

1226. — Une auberge. L'hôtesse donne un verre de vin; un muletier ôte la charge d'un mulet.

REMBRANT (Van Ryn). Voyez page 61.

1227. — Portrait d'un guerrier coiffé d'un chapeau orné de plumes.

RUBENS (Pierre-Paul). Voyez page 65.

1228. — Les adieux de Vénus et d'Adonis.

RUISDAEL (Jacques). Voyez page 71.

1229. — Effet de soleil après la pluie. Sur le chemin, un voyageur suivi de plusieurs chiens.

ÉCOLES ITALIENNES.

DONDUCCI, dit Mastelletta (Andréa), né en 1575. *Ecole bolonaise.*

1230. — Jésus, la Vierge et les anges apparaissent à Saint François d'Assise, faisant oraison au pied d'un autel. Tableau donné, par quelques personnes, à *Annibal Carrache.*

FETI (Domenico). Voyez page 110.

1231. — Le buisson ardent. Tableau attribué, sur les anciens inventaires, à *Coléandre*, présumé le même que *Francisco Collantes*, peintre espagnol, mort en 1656, à 57 ans.

PALMA le jeune (Jacopo). Voyez page 128.

1232. — Le Christ pleuré par trois anges. La scène est éclairée par un flambeau.

VÉRONÈSE (Paul), Voyez page 129.

1233. — Jésus crucifié entre les deux larrons.

www.ingramcontent.com/pod-product-compliance
Lightning Source LLC
Chambersburg PA
CBHW070244230526
45470CB00002B/475